LA REBELIÓN DE LOS NIÑOS

CRISTINA PERI ROSSI

LA REBELIÓN
DE LOS NIÑOS

Seix Barral Biblioteca Breve

Cubierta: *Retrato de niño,* de Henri Rousseau - 1908

Primera edición: enero 1988

© 1980 y 1988, Cristina Peri Rossi

Derechos exclusivos de edición en castellano
reservados para todo el mundo:
© 1988: Editorial Seix Barral, S. A.
Córcega, 270 - 08008 Barcelona

ISBN: 84-322-0580-X

Depósito legal: B. 42.253 - 1987

Impreso en España

ULVA LACTUCA

Ella miró la cuchara con aversión. Era una cuchara de metal, oscura, con una pequeña filigrana en el borde y de sabor áspero.

—Abre la boca, despacio, des-pa-cii-iiiiiiito, como los pajaritos en el nido —dijo él, tratando de aproximar la cuchara hacia ella. Odiaba las cucharas. Desde pequeño, le habían parecido objetos despreciables. ¿Por qué se veía ahora en la obligación de blandirla, llena de sopa, de intentar introducirla en la boca de aquella pequeña criatura, como sus padres habían hecho con él, como seguramente los padres de sus padres habían hecho, si es que en aquel tiempo se usaban las cucharas, si es que algún estúpido ya las había inventado? Tenía que conseguir una enciclopedia y averiguar en qué año se había confeccionado la primera cuchara. Tenía que conseguir una enciclopedia para aprender todo lo que le hacía falta para seguir viviendo. Cuchara: *Utensilio de mesa que termina en una palita cóncava y sirve para llevar a la boca las cosas líquidas.*

Lo que más le molestaba era la palita. Por eso no tenía la menor intención de abrir la boca, por más que él insistiera. Se distrajo, contemplando una figura bordada que había en el mantel. Eran hilos rojos y verdes, entrelazados, formando una flor. No podía soportar el ruido de la cuchara raspando el plato. Desde pequeño odió las cucharas. Todas: las de metal, las de plástico, las de fórmica, las de madera y

5

las de laca. ¿Por qué esa criatura no quería abrir la boca? Llevaba más de media hora en la delicada operación de hacerle tomar la sopa. La sopa se había enfriado varias veces, él la había vuelto a calentar y había cambiado el plato, a lo mejor lo que no le gusta es el dibujo del fondo —pensó—. Había oído decir que a veces los niños no comen porque no les gusta el dibujo del plato. Existían varios platos en la casa, según le había informado su esposa, antes de abandonarlo: plato con coneja en la cama, las grandes orejas sobresaliendo del lecho, ideal para papillas y cremas. Un plato con un bosque pintado, donde se veía a una pareja de niños juntando moras. Este plato a él no le gustaba nada. Empezando, porque en su vida había visto un árbol de moras, y estaba en contra de la colonización cultural. En segundo término, porque ambos niños parecían excesivamente robustos y un poco antiguos, niños ingleses o niños holandeses del siglo pasado. Algo bastante desagradable. ¿Qué niño se iba a identificar con esos dos? Otro plato tenía un dibujo abstracto, muy coloreado. Seguramente su esposa lo había comprado convencida de que hay que acostumbrar a los niños desde pequeños a las formas de arte de vanguardia. Aunque el informalismo había dejado de ser vanguardia hacía mucho. Seguramente su esposa no tuvo tiempo de saberlo, o ya había comprado el plato. Primero, probó con la coneja, y luego con el dibujo informal. (La niña seguía sin abrir la boca.)

No podía soportar el peso de la cuchara en la mano indefinidamente. ¿Por qué la apuntaba con aquel objeto metálico, provisto de una palita cóncava que servía para llevar a la boca las cosas líquidas? Cómo hacen las enciclopedias, eso me gustaría saber. Cómo las escriben. Por ejemplo: era muy inteligente eso de no poner «utensilio de metal», puesto que para desgracia de la humanidad, había cucharas de madera, de plástico, de vidrio, de hule, de cerámica, de hilo y hasta de espuma de mar. Cómprese un colchón de. Él había querido probar el nuevo colchón de agua, pero a ella le pareció una inversión excesiva. Inversión no —corrigió él—, gasto. Sobre aquel colchón acuático hubieran podido bogar toda la vida, apenas meciéndose, remando —los brazos en cruz, por favor, cruz, los brazos extendidos en, forma de, cruz, sacrificio, las manos apenas inclinadas, el ara de los homenajes, dioses menos perversos que tú, las piernas suavemente abiertas, así, manos inclinadas brazos extendidos ara del sacrificio gesto ritual— balanceándose, ora hacia un lado —a babor— ora hacia el otro, yo arriba, tú abajo, yo abajo, tú arriba, y la nave siempre meciéndose, yo al costado, tú en cuclillas, yo de pie, tú arrodillada, yo inclinado, tú de espaldas, tú de pie, yo zozobrando. ¿Por qué no quería abrir la boca?

Había conseguido distraerse mirando el dibujo verde y rojo mientras él iba hasta la cocina, pero ahora ya volvía otra vez, volvía paciente, volvía terco y sereno y ella quiso sonreírle, estaba dispuesta a hacer las paces y a soltar una de sus risas favoritas, esas que a él le gustaban, pero de pronto del interior del plato —donde había naufragado— volvió a aparecer la cuchara, la terrible cuchara de metal terminada en una palita cóncava que sirve para llevar a la boca las cosas líquidas. Y ella apretó fuertemente los labios. Si no habían comprado el colchón de agua era porque ella no quiso. Seguramente ya entonces no lo amaba, por eso no le entusiasmó la idea del colchón flotante, donde yacer como en un bote en perpetuo movimiento. Él la hubiera mecido allí como a una diosa del agua, como a una estatua sumergida en el mar, la hubiera amado como a una virgen flotante, vestal de espuma, rodeada de algas y de líquenes, le habría construido un santuario en el mar, lleno de conchas, estrellas, hipocampos, moluscos y medusas. Seguramente los antiguos tenían una diosa del mar. Los antiguos tenían dioses para todo. ¿La madre de Aquiles no era una divinidad acuática? Él hubiera conseguido trofeos marinos, crustáceos y peces pequeños. «Navegaremos la vida entera», le dijo. «Tendrás un lecho de agua como las esponjas y los corales.» Como la *ulva lactuca*, que es como la enciclopedia llama a la lechuga de mar. Buena para el cutis. Un náufrago, había leído una vez en un diario, sobrevivió dos meses comiendo sólo lechugas de mar. Y una mujer rejuveneció como veinte años frotándose el rostro todos los días con la *ulva lactuca*. Cosas así salían en los periódicos a cada rato. Pero ella no quiso comprar el colchón de agua y ahora la niña no abría la boca delante de la cuchara por nada del mundo. La apuntaba rigurosamente. El borde metálico avanzaba cortando despiadadamente el aire. Hizo como que no la veía, miró hacia otro lado, disimulando. El borde helado le rozó la mejilla. Si soplaba fuerte, todo el líquido se volcaría y se iría para otro lado. Había realizado esta operación varias veces. Había dejado que la terrible palita cóncava se acercara, y cuando la tuvo próxima, casi tocándola con su frialdad, sopló muy fuerte, con todos sus pulmones, y el líquido había ido a parar al suelo, al mantel o a la servilleta. Los líquidos rodaban, eso era lo que tenían los líquidos. Ella no podía soplar la cuchara, para apartarla de sí, pero en cambio podía conseguir que el líquido se fuera al diablo con el aliento de sus pulmones. Sin embargo, no se animaba a repetir la operación. Una vez, su padre y su madre habían reído mucho cuando el líquido se fue rodando hasta el suelo, manchando el mosaico y la alfombra. A ella también le pareció muy gracioso que de pronto el contenido de la cuchara resbalara y quedara vacía, como una cuna sin niño. Pero la próxima vez que lo hizo su madre rezongó mucho, agitó los brazos, levantó la voz y dijo una serie de cosas que ella no entendió, pero que evidentemente tenían que ver con el hecho de que la cuchara estaba vacía y el líquido en el suelo. En cuanto a él, también festejó un par de veces su soplido, pero —no se sabía por qué— a partir de determinado momento comenzó a fastidiarse con el asunto y ya no pareció disfrutarlo más, por el contrario, se ofendía y ponía furioso como si el líquido y el suelo fueran cosas personales. Y todos los días del mundo había cucharas, todos los días del mundo apuntaban hacia ella, siempre tenían los bordes fríos y siempre servían para llevar a la boca cosas líquidas. Si no quiso el colchón de agua, era que ya no lo quería. En la vida cotidiana hay síntomas así, sólo que uno no los ve porque vienen disfrazados de otras cosas razonables y un día cualquiera uno descubre que las pautas de la catástrofe estaban allí, que en realidad la catástrofe había comenzado hacía mucho tiempo, era una amiga en la casa, la tercera persona no incluida en la pareja, la catástrofe estaba con ellos desde antiguo, desde el día en que se conocieron, tal vez, pero ambos disimularon, ambos la escondieron, buscaron lugares secretos y muy ocultos para no verla, para disimularla, para ignorar su presencia. Para disuadirla. Catástrofe: *Suceso desgraciado que produce grave trastorno*. Y el suceso desgraciado había ocurrido, provocando un grave trastorno. Catástrofe: cataclismo. Un tren se había estrellado en alguna parte, un maremoto inundó la casa, la habitación, los objetos naufragaron, las sillas se perdieron, un terremoto sacudió las paredes, los cimientos, las instalaciones, el viento se llevó los techos, la marea hundió puertas y ventanas, las cosas familiares de pronto dejaron de serlo (odiaba las cucharas y los relojes) y otras, otras cosas familiares de pronto se volvieron intolerables. Todo estaba preparado desde entonces, pensó, desde que nos conocimos. La cuchara se hundió en la superficie líquida. Ella aprovechó para cambiar de posición en la silla de comer. No tenía gran libertad de movimientos, la silla era una celda para aprisionarla mientras comía. Por un lado y por otro había maderas que la sujetaban, que la acorralaban; intentó morderlas, cortarlas con los dientes, arañarlas, pero la madera era dura, resistente; como un perro, horadó los bordes, rasqueteando. «Esta niña es incapaz de tomar la sopa, pero en cambio se tragará la silla», comentó un día su padre en voz alta. Manías de niños. Volvió a surgir, llena de sopa. La palita cóncava que sirve para llevar a la boca las cosas líquidas.

—Estoy seguro de que no será feliz. *No puede* ser feliz. No podrá serlo —dijo el hombre empuñando la cuchara. Ascendió mansamente. Ella la vio subir como un lento animal metálico que dulce y pesado se levanta. Eleva el vuelo. Con angustia, esperó que ganara altura.

Él le había pedido que le dejara a la niña, aunque fuera durante el primer tiempo, para sentirse menos solo. Accedió, en un gesto comprensivo y tolerante que le dolió como un golpe bajo. Le enseñó a preparar las papillas, a lavarla, a curarle las escaldaduras. Dejó un cuaderno lleno de prolijas y correctas anotaciones acerca de cada cosa. Había una hora para despertarla y otra para hacerla dormir. En cualquier caso, mientras él estuviera trabajando, vendría una joven estudiante todas las tardes a ocuparse de la niña. No olvides arrojar la bolsa de los residuos cada noche en el incinerador. Hervir rigurosamente la leche antes de ponerla en el biberón. Sopa diaria de verduras. El teléfono del pediatra de la niña y las instrucciones para quemaduras, resfriados e indigestiones. No será nunca feliz. No podrá serlo. La dirección de la lavandería más económica. Para reparaciones de artefactos eléctricos, llame al 2423315. Urgencias: 999. Policía: 002. Si se atraganta, sacudirle la espalda, suavemente, con pequeños golpecitos. (Ah los desvanecimientos de tus manos. La languidez de tu rostro. Geografías diversas que recorrí, explorador, y quedé clavado, clavado para siempre de la cruz. Envarado en los brazos extendidos, para siempre perpendiculares. Pendiente de los gestos de tus manos, profetizadoras, para siempre, pendiente, de.) Colocar cada cosa en su lugar, para no perder tiempo. Dejar un juego de llaves en casa de mamá, por si olvidas las tuyas. Jamás será feliz.

La cuchara se elevó, como un pájaro que lento gana altura. La vio venir de lejos. Desde lejos venía, siempre arribando, como la marea. Dar cuerda al despertador todas las noches. No la despiertes si gime en sueños, eso no es bueno. Llegaba desde la calle como si fuera la primera vez. Quedó un momento en suspenso, en el aire, humeante. Volvió la cabeza, con cuidado, como si algo en su cuello fuera a quebrarse. La leche, colada. El caldo, también. Fíjate que el teléfono esté bien conectado, al pasar la aspiradora a veces se desconecta. He olvidado cómo es vivir solo. Cómo es despertarse en medio de la almohada vacía. Si no estuviera encerrada en la silla de comer, podría mirar por la ventana y aburrirse un poco menos. Todas las tardes, cuando regreses del empleo, acuérdate de entrar la botella de la leche. No dejes objetos cortantes a su alcance. Ningún objeto cortante, más que su mirada de hielo cuando se fue. Ah qué lápida de Carrara. Recuerda que los ruidos muy intensos la ponen nerviosa. Respiró hondo. La niña no quería abrir la boca. Desde hacía más de media hora, no quería abrir la boca. Una dieta balanceada.

—Despacito, despacito —le dijo—; mira qué conejo tan bonito hay en el fondo del plato.

Nadie podría saber nunca si era un conejo o una coneja. Sin embargo, su esposa había dejado indicado claramente que se trataba de una coneja. Si no quiere la sopa en el plato de los niños en el bosque, cámbialo por el plato de la coneja. Enfundada en las sábanas del lecho, ¿quién podía saber si se trataba de un conejo o de una coneja? Con sólo un pequeño esfuerzo, podría pararse en la silla de comer, inclinarse hacia atrás y tumbarla al suelo. Haría mucho ruido y nadie más se acordaría de la sopa. Estoy seguro de que no conseguirá ser feliz, pensó. Volvió a hundir la cuchara en el líquido. Hay tres grupos de esponjas: calcáreas, silíceas y córneas. La gran mayoría de las esponjas se reproducen vegetativamente. El líquido humeaba. Empujando todo el cuerpo hacia atrás, apenas conseguía que la silla se moviera. Sólo en caso de urgencia llama a casa de mamá. Ella te dirá dónde encontrarme. ¿Por qué su madre sabía dónde estaba —seguramente también con *quién*— y él no? Solamente las propias madres merecen cariño. Todas las demás son detestables. No se trata de un complot contra ti, dijo ella. Levantó la cuchara y la dirigió hacia la niña. La vio venir desde lejos. Desde lejos venía, siempre arribando, como la marea. Metálica y de bordes afilados, siempre venía, como si se tratara de la primera vez. Tomó empuje. No permitas que te domine, debe obedecerte. No cedas a todos sus caprichos. ¿Por qué no quería abrir la boca? La coneja dormía en su lecho blanco, en el fondo del plato. Una coneja de grandes orejas claras. Acercó la cuchara a la cara de la niña, y con dos dedos, la asió por la nuca. Así la tendría sujeta. No quise nunca oprimirte. Una posesión sin límites. El gesto ritual del abandono. La puerta que no abrirás. Se sintió atenazada por unos dedos grandes, poderosos.

No te haré daño. Sólo quiero que extiendas los brazos en cruz, y en el lecho de agua naveguemos como dos barcos mecidos por la marea. Comprendió que no podía zafarse. Así. La cuchara, en punta, cruzaba el espacio con su carga líquida. Las piernas abiertas y la cabeza girando, llena de espinas. Quiso pensar, para aliviar la angustia, que sólo era un juego. Acentuó la presión y ella quiso rechazarlo, tuvo miedo. Él se acercaba más y más. Estaba sin aliento, por eso aspiró con fuerza y trató de apartarlo de sí. Se dio cuenta de que tenía los ojos llenos de lágrimas, que iba a sollozar en el orgasmo de la pena, no grites, por favor, no grites, ella aspiró profundamente, quédate así, un minuto más, y sopló con todas sus fuerzas sobre la cuchara, sobre el líquido pegajoso, sobre el mantel de la sábana y la sábana blanca como un mantel.

EL LABERINTO

El niño estaba subido al árbol. Desde allí, oteaba el horizonte.

Él la miró y sintió que no tenía nada que decirle.

—*Diez por diez, cien. Diez por cien, mil. Diez por mil, diez mil* —canturreó el niño, desde arriba del árbol—. Papá, ¿por qué nuestro sistema de numeración es decimal? —preguntó en seguida, mientras intentaba divisar la línea del horizonte. Había oído decir que el horizonte era una línea.

—Probablemente porque tenemos diez dedos en las manos —contestó él, distraídamente—. Si tuviéramos doce, el sistema sería duodecimal.

Nada distinto al tedio y a la pesadumbre. Al tedio, a la pesadumbre.

Sacó un cigarrillo del paquete, y lo encendió sin prisa. Hizo un gesto hacia ella, que no aceptó. Siempre olvidaba que ella no fumaba. *No tenía vicios.* Tampoco le había regalado nunca un libro de matemáticas. Pensó en mujeres que podrían haberlo hecho. Ésas, no las conocía, no las había visto nunca pasar, y si las había, él no las supo encontrar.

—Y si no tuviéramos ojos para mirar, ¿qué usaríamos? —preguntó el niño. A veces los ojos no servían: ahora no alcanzaban a divisar esa recta que llamaban horizonte.

—El tacto —respondió el padre—. O el olfato, o el paladar —agregó—. O quizá el cálculo. El cálculo de posibilidades.

—Él te admira —murmuró ella, en voz muy baja—. No me gustaría... No quisiera que nunca...

A los veinte años, Lewis Carroll había dibujado un laberinto. El problema consistía en hallar el camino que permitía salir del rombo central, entre los senderos que se cruzan por encima y por debajo, cortados a veces por trazos simples. Hasta que un día él hiciera la pregunta sin respuesta, la que no podría contestar jamás, y entonces la admiración se diluiría, desaparecería súbitamente, y habría que comenzar a vivir sin padre, quizá sin madre, quizá sin un camino que condujera del rombo central a la salida.

Ella también lo había admirado. Sintió un violento rechazo hacia esa idea. ¿Por qué no había podido quererlo sin admirarlo?

—Yo nunca... —comenzó a decir—. Nunca confié en la admiración.

No era eso lo que quería. No había querido decirlo, ni hacerlo.

—Él te admira —recalcó ella, con rencor—. No estoy dispuesta a...

No escuchó el final de la frase. Los niños lo escuchan todo. Al dejar de serlo, se va adquiriendo la capacidad de oír sólo fragmentos, y a veces se puede ignorar una frase entera, una vida entera, sin mayor esfuerzo.

Sólo había amado a hombres a quienes pudo admirar. Admirar hasta la decepción. El anterior había sido un músico. Fue muy fácil ayudarla a decepcionarse: ella se dejaba llevar por esa pendiente con suavidad, hasta con deleite. Y él alimentó la decepción para ganarla, primero, para retenerla, después.

Desde arriba del árbol las cosas se veían diferentes. Papá, por ejemplo, era un hombre chiquito que fumaba, apoyando el brazo derecho sobre la mesa de hierro del jardín, pintada de blanco. No se había quitado la gabardina, y de vez en cuando la otra mano se deslizaba por el borde azul, como si quisiera comprobar que todo estaba en orden, que los botones seguían en su lugar, que nadie veía para adentro, que su cuerpo estaba protegido. El árbol era un naranjo. Un naranjo de hojas pequeñas y muy verdes que tenían un sabor amargo. Él las había probado un par de veces. Cuando vinieron a vivir a esa casa (de eso hacía muchísimo tiempo, por lo menos como un año), él se sintió muy contento porque la casa tenía jardín, y en el jardín había algunos árboles, árboles a los cuales uno se podía trepar y desde allí mirar el mundo como desde un barco. Se veían los contornos de las casas más distantes, se veían las hamacas de hierro en los jardines vacíos, donde a veces se balanceaban niñas, se veían cuerdas de ropa secándose al sol y muy a lo lejos, perdido entre calles recortadas, un pedazo de mar, tan quieto y tan gris que parecía un cuadro. Él no supo al principio que eso era el mar, pero su padre se lo indicó. Le dijo: «Aquello que ves a lo lejos, muy lejos, aquel cuadradito gris es el mar.» Y él lanzó un ahhhhh muy largo, un ahhhhh de placer, estoy vivo, la casa tiene un jardín, en el jardín hay árboles, a lo lejos veo el mar y el mar es quieto y gris, parecido a un cuadro. A un cuadro que vio en una exposición. Su padre lo llevó a la galería, pagó dos entradas y le compró un catálogo. Él estaba contento y emocionado, como cada vez que salía de paseo con su padre. Como cada vez que él le explicaba algo. No siempre entendía las palabras, no siempre estaba seguro de comprender el significado de su pensamiento, pero le parecía muy importante que él le hablara y le agradecía —le agradecía tanto— que para hacerlo, no simplificara su lenguaje, no intentara hacer las cosas más sencillas sólo para que él pudiera comprenderlas. Una emoción parecida a la que experimentaba al entrar a una iglesia, aunque su padre le había dicho que por ahora no eran católicos, que ya se vería más adelante, que ése era un problema muy complejo y que ya tendría tiempo de decidir en el futuro. ¿Por qué de un día a otro las niñas habían dejado de venir a su casa? Una emoción muy grande, cuando él le hablaba, algo así como un recogimiento, y elevaba los ojos para mirarlo, aunque su padre tuviera la mirada tranquila y distante, como si en realidad hablara con el agua del río y con las piedras. Tanta emoción que casi no podía resistir, porque le parecía que su padre le hablaba de otras cosas. Nunca estaba seguro acerca de si su padre le hablaba de esto o de lo otro. Pero le gustaba mucho escucharlo, tanto como treparse a los árboles, comer naranjas y jugar con las niñas. Pero eran cosas diferentes, sin embargo. Comer naranjas se acababa; era satisfactorio, pero se cumplía y basta. A lo sumo, le quedaba en las manos y en las ropas un olor ácido y fuerte, que se distinguía desde lejos. Jugar con las niñas era muy emocionante, lo excitaba mucho, pero a veces también era dificultoso, incomprensible, especialmente si las niñas tenían mal carácter o se fastidiaban. En cambio, la conversación de su padre no terminaba, aunque él se hubiera callado. Y nunca producía disgusto. Las palabras quedaban suspendidas, permanecían, y él sentía que participaba de una cosa, de una cosa que estaba más allá de él, que flotaba. En la galería, él se sintió regocijado; primero echó a correr entre los cuadros, sin mirarlos. Era tal su alegría que resbalaba por el parquet de la sala como sobre una pista. La excitación no lo dejaba parar, no le permitía detenerse. Su padre lo miró sonriendo, dejándolo correr, dejándolo deslizarse. Por las ventanas entraba una luz difusa, la luz de un parque contiguo lleno de árboles, con senderos por donde padres y madres caminaban con sus hijos; había algunas hojas caídas no recogidas todavía, y él observó a una niña muy rubia de cabellos largos que tenía un vestido celeste.

Ver a la niña lo puso medio loco. La niña iba acompañada por su madre y caminaba a su lado con gran dignidad. Su dignidad lo excitó, le hizo mal y bien al mismo tiempo. Llevaba puestos unos zapatos negros que se abrochaban a un costado con un pequeño botón, encima de los calcetines blancos, cortos, que apenas llegaban al tobillo. Apretó la nariz contra el vidrio para mirar mejor. ¿Por qué se veía mejor si uno apretaba la nariz contra el vidrio? El padre se aproximó caminando tranquilamente. Él apretaba tanto la nariz contra el vidrio que la nariz se achataba y de pronto el vidrio se nublaba y él desesperadamente lo limpiaba con los codos, porque tenía un pullóver de lana que servía muy bien para limpiar vidrios.

—¿Qué miras? —preguntó su padre, apareciendo a sus espaldas y echando los ojos a mirar por el sendero de álamos contiguo a la galería. En seguida vio a la niña que caminaba con su madre, de largos cabellos rubios, y él también se la puso a mirar, lentamente.

—Tiene un vestidito celeste —comentó el niño en alta voz, apretando cada vez más la nariz contra el vidrio—. ¿Qué son esos árboles de alrededor?

—Son álamos —dijo el padre. Ambos miraron. Aunque las dos caminaban, nunca se alejaban mucho de su campo de visión, de modo que ellos podían observar perfectamente los cabellos rubios que caían a ambos lados de la cara, el vestidito celeste, almidonado, los zapatos negros con un pequeño botón al costado y los calcetines blancos que apenas cubrían los tobillos.

Ahora la mujer y la niña se habían acercado a un estanque, en medio del sendero, y miraban el fondo, donde seguramente pececitos rojos y azules nadaban, sorbiendo apenas el agua, corriendo veloces cuando la superficie se agitaba. Sobre el estanque habían caído algunas hojas de los árboles próximos.

—Ahora ella está mirando el agua del estanque —proclamó el niño.

—Los zapatos —murmuró el padre—. ¿Has visto los zapatos? Son negros y tienen un pequeño botón al costado. A veces, debe tardar mucho tiempo en abrocharlos. No es fácil hacer entrar un botón, por pequeño que sea, en un ojal así. Pero ella no se impacienta nunca. Creo que no conoce la impaciencia. No pierde jamás su dignidad.

—Creo que ella también mira los peces que nadan en el agua —aseguró el niño.

—Fíjate qué hermoso es el gesto de su mano —le dijo el padre. La niña había dejado descansar la mano con indolencia sobre el borde del estanque. La mano tenía cinco dedos, como todas las manos, pero estaba seguro de que era la mano más bella del mundo.

No supo bien cómo, pero al rato estaban todos sentados alrededor de las mesas del parque, bebiendo refrescos y conversando. Su padre siempre se las ingeniaba para que él pudiera acercarse a las niñas, y aunque jamás hablaban del asunto, él se lo agradecía interiormente. Admiraba a su padre por eso. Porque de una manera muy natural, y sin que tuviera que pedírselo, provocaba el encuentro con las niñas, sin forzar la situación, como si estar juntos alrededor de la mesa de hierro blanca bebiendo refrescos y conversando fuera la única culminación posible de esa bella tarde, de los cuadros vistos en la galería, de la sucesión de álamos y de los peces de colores que nadaban en el fondo del estanque.

Se la quedó mirando, extasiado, su corazón palpitaba aceleradamente y al principio no supo qué decirle. Su padre había quedado en diagonal con la niña, al lado de la madre, de modo que la miraba oblicuamente. Los refrescos estaban sobre la mesa, y su padre balanceaba indolentemente un cigarrillo en el extremo de una de sus manos.

—Es un lugar realmente muy agradable —dijo la mujer, abarcando con su mirada la galería, el parque, el estanque, la hilera de álamos, seguramente la luz difusa de la tarde, seguramente las ventanas y los peces que en el fondo del estanque nadaban en direcciones opuestas. Las piernas de la niña no llegaban al suelo (las suyas, tampoco), de modo que colgaban, como las hojas de los álamos, sin caer.

Él la miraba con disimulo, ruborizándose a veces, sin poder decir palabra. Tan sumido en su angustioso mutismo que el refresco se calentaba en sus manos sin que se lo llevara a los labios. El padre tampoco hablaba. Él sabía que el padre no hablaba, a pesar de la serie de frases amables y convencionales que pronunciaba con delicadeza, como si se tratara de una artesanía. Era extremadamente hábil para conversar con intrascendencia, haciendo que todo el mundo se sintiera bien, pero quién sabe dónde estaba en realidad su conversación.

La diagonal era una buena línea de observación. Detrás de sus lentes de sol, la niña y el parque adquirían unos deliciosos tonos sepias. ¿Por qué no lo auxiliaba? ¿Por qué no venía en su ayuda? ¿Por qué lo abandonaba allí, en esa muda contemplación, por qué no lo mandaba a jugar o a correr, por qué de una manera autoritaria no lo obligaba a beber su refresco y a juntar distintas clases de hojas? La niña tenía en los lóbulos unos pequeñísimos aros de oro. No eran completamente redondos, y la línea que se quebraba parecía una interrogación.

—Doy clases de inglés. Sí, clases de inglés. No es el trabajo más seductor del mundo —decía su padre suavemente—, pero es el único que he encontrado.

Ahora podría establecer algunos paralelismos entre ambas gramáticas, haría algunas observaciones ingeniosas que provocarían la sonrisa de la mujer, mientras la niña sorbía su refresco educadamente, sin que uno pudiera llegar a saber nunca si estaba aburrida, cansada, si disfrutaba del aire otoñal que recorría las plantas, si deseaba levantarse y pasear.

Transpiraba y su corazón palpitaba locamente, forzaba su mente y las cuerdas vocales intentando pronunciar una frase. Una frase entera. Una frase que ella pudiera escuchar y contestar, pero estaba aterrorizado, estaba tan asustado que quería llorar, ¿por qué su padre no lo ayudaba, por qué no le daba una orden, por qué no los invitaba a correr por el sendero, a irse lejos de allí? Pondría una enorme distancia, una gran distancia, seguramente él podía correr más que ella y se subiría a una loma, aprovecharía una elevación del terreno para treparse y desde allí la observaría sin temor, sin enrojecimientos ni balbuceos.

La niña terminó su refresco, y sin ninguna precipitación, con un gesto absolutamente controlado y medido, depositó el vaso sobre la mesa. Tenía los ojos dorados, es verdad, pero él no podía darse cuenta qué miraban, qué decían, si decían algo, no podía deducir su manera de ser a través de esos ojos fríos y serenos. Entonces se le ocurrió la idea salvadora, entonces se le ocurrió decir:

—Papá, quiero ir a casa.

Echó una última mirada, oblicua, en diagonal. Lentamente sacó su billetera y pagó los refrescos.

No era la primera niña que iba a su casa, ya habían ido otras, y la cosa allí era diferente. Ellas venían de visita, como si fueran a una fiesta, y él se sentía más dueño de la situación; había objetos, había muebles, cosas conocidas que lo hacían sentirse más seguro, menos solo. Entonces, todo cambiaba; se podía jugar con las niñas, conversar con ellas, escarbar la tierra y fabricar caleidoscopios. Y aunque él se mostraba generoso y espléndido, compartiendo todos los objetos, enseñándoles sus conocimientos sobre plantas, insectos, mariposas, estrellas o estampillas, bien se veía que él hacía todo eso porque quería, podía mostrarse generoso y espléndido porque estaba en su casa y eran sus cosas, lo cual le daba esa sensación de comodidad y de placer, de poder y de dominio. No iba a usar el poder, seguramente, para esclavizar a las niñas. Con un gesto delicado —tocándolas suavemente a la altura de los hombros, sin oprimirlas, sintiendo que los cabellos negros o dorados rozaban las yemas de sus dedos— les mostraba las figuras que los líquidos de colores formaban en el espejo del caleidoscopio, o el dibujo azulado de las alas de una mariposa.

—¿Qué es lo que siento? —le había preguntado una vez al padre. Quería saber qué le inspiraban las niñas. El padre estaba de pie, frente a la ventana, mirando un caleidoscopio. Le gustaba descubrir imágenes, figuras, y no parecía cansarse nunca de ese entretenimiento. Le había explicado que las combinaciones posibles eran infinitas, y que jamás se repetían. «¿Cómo sabes tú que una figura no se ha repetido nunca?», le preguntó él, desconfiado. «Es una ley», contestó el padre. «No estoy muy seguro de que alguien la haya comprobado», dijo el niño, poco convencido. «Podría repetirse una sin que nos diéramos cuenta», concluyó. Si imprimía un pequeño giro al cilindro, si sus dedos movían el estuche, esa bonita rosa encarnada sumergida en un lago de hielo desaparecía, súbitamente desaparecería, no podría verla nunca más («No se repiten jamás. Las figuras. En el caleidoscopio. No vuelven. Puedes cambiarlas, pero no obligarlas a regresar. No. Nunca») y habría sido un gesto de la mano, tan sólo uno, el culpable de esa desaparición.

—Sólo podrás decidir cuánto tiempo dura —dijo el padre.

—Nunca sabré si la próxima figura será mejor que ésta —observó él, muy concentrado, cerrando el ojo libre y ahondando mucho la visión del otro, a través del estuche. Una hermosa composición de cálices amarillos y triángulos lilas ocupaba el centro de la imagen.

—Ése será tu problema —contestó el padre—. Creo que lo que sientes es concupiscencia —dijo, por fin.

—¿Concupiscencia es saber que puedo tocarlas y no tocarlas, avanzar un poco el dedo (solamente un poco, papá) sobre el hombro, recorrer la costura del vestido (tienen los vestidos llenos de costuras, papá, y las costuras sobresalen un poco) y de pronto encontrar un hilo, un hilo que cuelga de la tela, que se ha deslizado del hombro?; papá, a veces los hilos de sus vestidos se escapan un poco, no mucho, no deshacen el vestido: sólo se sueltan un poquito y ellas no lo ven, no lo ven porque tienen el vestido puesto y no están atentas, están mirando la lámina del ciervo que tengo en la pared del cuarto o están jugando con mi microscopio y el hilo está un poquito salido, yo lo tomo entre los dedos, ellas no se dan cuenta, puedo tirar del hilo sin que lo noten, puedo tirar un poquito y nadie lo verá, nadie sabrá que estoy tirando del hilo de su vestido blanco y el hilo me tira a mí, yo siento que él me lleva, me conduce a alguna parte que no está afuera, sino adentro de mí.

—Si fuera un niño —murmuró el hombre tratando de resistir la mirada de la mujer—, si yo fuera

24

un niño, ¿entiendes?, nadie lo notaría, nadie se daría cuenta.

El jardín estaba un poco frío y ella no lo había invitado a entrar a la casa. Aunque su hijo estaba allí, encima del árbol, ella no lo había invitado a entrar a la casa.

—Mamá —gritó el niño desde arriba del árbol—. Me parece que hay una naranja madura. Creo que ya estará dulce. Me parece que están madurando desde ayer —dijo, y se trepó un poco más, para alcanzarla.

Las niñas habían dejado de venir. De pronto, de un día para otro (como maduran las naranjas), las niñas habían dejado de venir. No supo por qué. ¿Había sido, quizá, lo que su padre llamó concupiscencia? ¿Acaso ellas lo habían notado y él tenía que avergonzarse?

—Si yo tuviera su edad —continuó el hombre, hablando bajo y haciendo un esfuerzo extraordinario—; si me trepara a los árboles y arrancara naranjas verdes con las manos.

El cigarrillo se había consumido, pero él no intentó apagarlo. Un bloque de ceniza, muy gris y muy sólida, se sostenía en el extremo, y uno sabía que cuando cayera, no caería por partes, se desmoronaría entera, dejando la colilla desguarnecida, sola, infeliz. Ningún buen fumador puede soportar bien la caída de un bloque de ceniza.

—Él te admira —insistió la mujer, con voz crispada, tensa—. Él te admira y no quiero que nunca..., que jamás...

La vida se había desordenado. La vida se había desordenado mucho. Sin las niñas, los objetos parecían monótonos y tristes, y él vagaba por las habitaciones como un perro perdido. En cuanto al padre, cada vez estaba menos en la casa, tenía mucho trabajo afuera, mucha gente de pronto quería estudiar inglés, y eso se ve que lo ponía muy triste, porque ya no hablaba con él y no respondía a sus preguntas. Por el cielo, vio que el sol se estaba poniendo. Vio que el sol empezaba a irse, y arrastraba, en su fuga, muchos colores que le gustaban, muchas naranjas que oscurecían, muchas cosas que ya no se veían.

—No quiero que se vaya —gritó desde el árbol.

Ambos levantaron la cabeza, como tocados por una claridad. Lo miraron al unísono y él se sorprendió, pero no perdió tiempo, contestó a la mirada con otra llena de fuerza y de decisión, como para impresionarlos. ¿Qué había dicho? Fuera lo que fuera, había causado efecto.

—No quiero que se vaya —repitió, sabiendo que esta frase ejercía un extraño poder. En el desorden venían frases como ésta, en el desorden de pronto aparecían islas encantadas descubiertas al azar, y uno se instalaba en ellas precariamente, pero tratando de reconstruir el mundo. No quería que el sol se fuera y parecía que en ese deseo cabían muchas cosas: la ausencia de las niñas, el súbito alejamiento de papá, la tristeza de la madre. Ellas se fueron de un día para otro, sin explicaciones, ya no venían más a mirar su colección de hojas fusiformes, ni sus caracolas de mar, ni sus láminas de trenes antiguos. Ya no se llevaban, de regalo, vidrios de colores para armar caleidoscopios, ni conchas de moluscos. Ya no les podía enseñar a pintar y a dibujar con la punta de un alfiler en el interior de las almejas.

—Hay psiquiatras para eso —dijo la mujer, que había dejado de mirar al niño y estaba a punto de estremecerse de frío, en medio del relente. Oscurecía y la quietud de la casa, con las luces apagadas, la casa enhiesta, erguida entre los naranjos y los frutales, producía cierta sensación de melancolía.

—No quiero que se vaya —volvió a gritar el niño,

como si esgrimiera un arma. Un arma contra la huida del sol, la ausencia de las niñas, la lejanía del padre, la desaparición de las figuras en el caleidoscopio, contra los vidrios que deformaban la realidad, contra la irrupción vertiginosa de la noche y la casa sola.

—Sí —dijo el hombre poniéndose de pie—. Hay psiquiatras y leyes.

Alisó el borde de la gabardina, verificó que estaba bien abrochada. Hizo un gesto vago con la mano, una especie de saludo, y sin mirar a la mujer, tomó el camino que conducía a la calle, más allá de la valla blanca.

De pronto la frase, la misma frase, había perdido efecto. ¿Por qué la última vez que la dijo no fue como la primera? ¿Por qué ahora ellos no se habían detenido y lo habían mirado? ¿Por qué la oyeron como algo natural, como si no existiera, como si no sonara?

Tuvo que pasar muy cerca del naranjo. Hubiera preferido no hacerlo, por eso, aceleró el paso.

—No quiero que te vayas —gritó el niño, angustiadamente.

Repitió el gesto vago de saludo, un gesto que más que una despedida, era una fuga. Una fuga precipitada de los canteros, de los árboles con naranjas verdes de hojas muy amargas, una fuga de la mujer que ya no sabía adónde estaba, de los caleidoscopios de colores y del recuerdo de las niñas que tienen vestidos celestes y cabellos rubios.

Desde arriba del árbol, nada se veía.

Hundió las manos en el bolsillo y evitó mirar atrás.

El niño sumido en la oscuridad del árbol. La casa, augusta en medio de la noche. Hundió distraídamente las manos en el bolsillo. Enredado en el papel del paquete, venía un hilo blanco de vestido.

FELIZ CUMPLEAÑOS

El día de su cumpleaños amaneció claro y sin nubes. Él se levantó temprano y en seguida se subió a un árbol, para verlo mejor. Por ninguna parte había señales exteriores de que aquél fuera el día de su cumpleaños, pero quizá las señales aparecieran después, en una hoja de parra, en el cielo, en el agua del arroyo o en algún otro lado. Era una cosa muy singular: todos los años había un día de su aniversario, fuera el año que fuera, se trataba sólo de saber esperarlo, y el día ese finalmente aparecía, mezclado con los otros, pero sin lugar a dudas diferente.

—¿Por qué éste es el día de mi cumpleaños y no otro? —le preguntó a su madre, antes de subirse al árbol. Debía existir alguna razón.

Su madre le dio una explicación poco satisfactoria, según su impresión, donde intervenían una serie de factores igualmente confusos: lunas llenas, meses de espera, cuartos menguantes, médicos y bautismos. También intervenía su padre, según parecía, y este factor era el que más le incomodaba de todos. No sabía bien si la participación de su padre era inevitable en el hecho de que él hubiera venido al mundo, o si había sido un capricho de su madre. En realidad, él tenía muchos deseos de averiguar esta cuestión, pero temía confirmar su sospecha de que la participación de su padre en su nacimiento se debía exclusivamente a una veleidad, a una extravagancia de su madre, que lo habría podido concebir perfectamente sin su intervención. Fuera como fuera, tampoco se explicaba muy bien por qué ella continuaba viviendo con aquel hombre, una vez que él había nacido, y ahora que entre los dos se había establecido una verdadera complicidad. En general, como él se encargaba de demostrarle a cada rato, su padre sobraba, estaba de más, podría desaparecer perfectamente sin que nada alrededor se alterara, perdiera resplandor o belleza. Tenía varios procedimientos para demostrarle a su padre que era innecesario, que estaba de más, que sobraba entre los dos. Uno de ellos consistía en el lenguaje. Había inventado una lengua personal, exclusiva, que hablaba siempre con su madre, evitando cualquier intromisión extranjera. Ella era extraordinariamente sensible, bella e inteligente, y lo había aprendido en seguida, sin necesidad de demasiadas explicaciones. Rápidamente asimiló el significado de las palabras nuevas, de los sonidos desconocidos, de los giros insólitos, y demostró gran aplicación en su empleo. Incluso se encargó de incorporar algunos términos, que él recibió con alborozo. Es verdad que cuando su padre estaba delante, ella demostraba ciertas reticencias en el uso del lenguaje nuevo, como si se avergonzara o temiera las críticas y reproches que él podía hacerle, pero entonces alcanzaba con negarse a tomar la sopa, rechazar el bistec o dejar caer distraídamente el vino del vaso sobre el mantel para que todo recuperara su orden, y la madre se dirigiera a él con los sonidos cifrados. Otros procedimientos para demostrarle a su padre que estaba de más, que era prescindible y aun fastidiosa su presencia, eran más sutiles. Consistían, por ejemplo, en ocultar su cigarrera, adelantar las agujas de su reloj pulsera, extraviar deliberadamente su agenda, esconder sus bolígrafos o sus herramientas. También podía hacer una pelota de papel con el periódico del día o guardar su cepillo de dientes entre las toallas. Estos pequeños inconvenientes domésticos no tenían más finalidad que hacerle sentir que era un intruso, un ajeno, un huésped en la casa.

—Elisa, por favor, ¿puedes decirme dónde está mi cigarrera? Disculpa, pero es que no puedo encontrarla. Hasta hace un minuto, creí que estaba en la chaqueta, pero debo haberme equivocado. ¿La has visto por alguna parte? —era una pregunta frecuente que originaba una pequeña tormenta conyugal. Porque la cigarrera ya no estaba en el bolsillo interior de su chaqueta, había desaparecido de allí, había volado como un pájaro usurpador, mientras él continuaba jugando inofensivamente con sus grandes cubos de letras amarillas, sobre la alfombra del living. La cigarrera faltaba, el reloj despertador tenía dos horas de adelanto, las manecillas habían girado enloquecidas como astros desorbitados sobre la esfera celeste y láctea, y el martillo necesario para asegurar un clavo en la pared estaba en la despensa, flotando entre los manteles.

—Sucede que tú eres muy desordenado, Horacio —le decía su madre a su padre. Y él aceptaba con resignación y cierto asombro disimulado el orden mágico de las cosas, sus súbitas apariciones, la arbitrariedad de su estancia en los lugares.

—Juraría que antes de salir dejé mi lapicera fuente en el estuche sobre la mesa —decía a veces el padre.

El lapicero, el pañuelo de bolsillo, los lentes de sol o la carta de un cliente. Las cosas desaparecían y de pronto aparecían en insólitos lugares, realizaban largos viajes de rumboso derrotero, en giras cuyo oculto sentido él no alcanzaba a comprender. Las cosas —casi todas las cosas— viajaban por el espacio y el tiempo como astros misteriosos.

—Siempre he estado atento a la mecánica de los

objetos —decía su padre—. Sé que el movimiento de las cosas, sus desplazamientos, su orden dentro del universo responden a un discurso propio, con una lógica interna diferente a la del hombre, pero perceptible a través de pequeñas claves e insinuaciones que tiene el aire que los rodea. Sé que los objetos discurren con un ritmo que está en secreta relación con nosotros, pero imbricada.

Y de pronto las cosas parecían animadas de una súbita perversidad, como enloquecidas, y a él le resultaba difícil —prácticamente imposible— intervenir en su discurso, participar de su física y de su metafísica. El asombro y el desconcierto eran parte de su sensación dolorosa de haber perdido no el dominio, sino la participación en la dinámica de los objetos.

Tenía mucho cuidado en no distraer un objeto que fuera de su madre, no quería alterarle el mundo. Y andaba como loco buscando una cama más grande, para que su madre pudiera dormir con él, y abandonara el odiado dormitorio del padre. Ella no dormía en su cama, como bien podía apreciar él mismo, porque era una cama demasiado pequeña y no alcanzaba para los dos.

—Si tuviera una cama más grande podríamos dormir juntos todas las noches —anunció él, una mañana.

Ella pelaba papas. Pelaba papas con discreción, elegancia y una cierta ternura que revelaban que se trataba de una mujer sensible, que aceptaba la rutina y los convencionalismos como el precio para mantener un equilibrio regular con el mundo. Salió a la calle, a buscar una cama adecuada. Si la encontraba, la pondría en su cuarto, que era pequeño, y entonces la invitaría cada noche a dormir a su lado. La arrullaría, para que se durmiera, le acariciaría la cabeza, acomodaría las sábanas y le contaría historias fabulosas y cuentos mágicos antes de apagar la luz. Nunca se cansaría de mirarla, escucharía suavemente su respiración toda la noche, y pondría un vaso de agua junto a la almohada por si en algún momento llegaba a tener sed. Y por las mañanas le llevaría el desayuno a la cama, antes de que se levantara, y abriría las cortinas y le daría besos en la frente, en las manos, en los pies, detrás de las orejas, en el cuello y en la nuca. La ayudaría a vestirse y contemplaría cómo se bañaba.

Por la calle no encontró una cama grande, de modo que tuvo que aceptar que ella se despidiera con un beso de él, cada noche, y se introdujera en el dormitorio de su padre. Estaba dispuesto a transar, siempre y cuando el resto del día fuera suya.

Esperaba con verdadera ansiedad el día de su aniversario, y cada año que pasaba era un año más, con eso él iba creciendo, volviéndose mayor (un año más y un año menos, según se viera) y la distancia que lo separaba de su madre disminuía. Disminuiría la diferencia de estatura, de edad, las proporciones, y en cualquier momento (en cualquier aniversario) se encontraría de pronto tan alto y grande como su padre, tan fuerte como él, entonces perfectamente podría casarse con ella, como había hecho su padre. La llevaría a otra casa, con otros muebles y otros colores en las paredes, otras sábanas y otros cuadros y no hablaría más idioma que el inventado por él. Era difícil saber cuánto tiempo faltaba para eso. De lo único que estaba seguro era de que cada aniversario representaba un avance, un paso más hacia la igualdad con su padre y el acceso al dormitorio grande.

No le contaba el proyecto completo a su madre (el plan entero era una sorpresa), pero hacía algunas preguntas sobre el tema y a veces dejaba escapar alguna insinuación.

Decía, por ejemplo:

—¿Cuánto crees que falta para llegar a tener la edad de papá?

Su madre contestaba con cifras variables. A veces decía: «Nada más que veinticinco años», otras veces decía: «Cinco veces la edad que tienes ahora» o encerraba la contestación en frases criptográficas: «Te falta pantalón largo y el arte de sobrevivir» o «El tiempo de la desilusión y el acatamiento». Él no sabía muy bien cuánto tiempo eran veinticinco años, ni siquiera cómo se hacía para sobrevivir, ni la cantidad de acatamiento necesario, y mucho menos sabía qué era la resignación.

El hecho de que pese a haber pasado ya dos aniversarios seguidos (los otros no podía recordarlos) la diferencia de edad con su madre no disminuyera, sino se mantuviera igual, lo desconcertó profundamente, se negó a aceptarlo y decidió cambiarlo con la fuerza de su voluntad. Se dijo que si él empujaba con fuerza el reloj de sus días, el tiempo de sus meses y semanas, conseguiría que transcurriera más velozmente y, por lo tanto, podría ganarle a los años de su madre. Se trataba de consumir dos días en uno, conseguir que el tiempo para él fuera el doble de veloz que el de su madre, con lo cual la diferencia se acortaría sustancialmente. Se concentró en la tarea de acelerar el tiempo. Primero hizo una investigación en cuanto a las máquinas de calcularlo. Conocía varios relojes, y procedió a adelantar el suyo. De esta manera, mientras sólo habían transcurrido dos horas para su madre, él consumía cuatro. Cada hora del día él ajustaba el reloj, agregándole una. Esto creó algunos trastornos en la vida cotidiana, que subsanó ignorándolos. Había descubierto que cuando un problema es de solución muy difícil, cabe la posibilidad de negar su existencia, con lo cual es como si lo hubiéramos solucionado. Así fue como llegó a vivir en días muy diferentes a los demás, porque a fuerza de adelantar su reloj el viernes fue lunes y el martes se transformó en domingo. No importaba demasiado, el lenguaje era una convención, la manera de llamar a las cosas era sólo una referencia sonora sin verdadera relación con las cosas en sí. Máquinas de calcular el tiempo (si se descartaban los relojes, que podían adelantarse o atrasarse a voluntad, con lo cual, por ejemplo, un hermoso anochecer estrellado se convertía en un delicioso amanecer y el más rojo de los miércoles era un jueves sombreado) no encontró muchas, lo cual le pareció un descuido desagradable. Primero fue al bazar de la esquina de su casa, y habló con el dueño. Era un buen hombre que tenía grandes cantidades de caramelos y goma de mascar, a la entrada del negocio, dentro de un bote de vidrio transparente. El frasco parecía una pecera, con su enorme boca abierta para meter la mano y en el lago flotaban los peces rojos, los amarillos y los azules. Siempre había una hilera de niños esperando turno, para hundir la mano en el frasco y pescar las bolas de fresa o los pececitos de goma de mascar. Y el hombre pasaba mucho trabajo, todo el día atareado reponiendo los caramelos. Le gustaba que los niños mantuvieran el orden en la fila y que no disputaran entre sí.

—¿Tiene usted alguna máquina de calcular el tiempo? —le preguntó él, hablándole desde el otro lado del mostrador. Encima había cajas de herramientas, destornilladores, sierras eléctricas, cepillos mecánicos, palas de metal, paquetes de clavos y rollos de papel para recubrir paredes. Había uno con pájaros, nidos y globos de colores; decidió que con ése no empapelaría jamás el dormitorio que tendría con su madre.

—¿Quieres decir relojes? —le preguntó el hombre por contestación—. ¿Ya has cogido tus caramelos de miel? —siguió preguntándole, muy preocupado. Su infancia había transcurrido durante la guerra civil, sin dulces, y no podía soportar ver a un niño que no tuviera caramelos en la boca. Sabía perfectamente el gusto de cada uno, si prefería los de fresa o los de limón.

—Hoy comeré pastillas de goma; son menos dulces, no perjudican tanto los dientes —explicó él—. Un día de éstos voy a casarme y no me gustan los dentistas —agregó—. No me refiero a los relojes.

—En fin, hijo, verás, si no se trata de relojes, que de todos modos no tengo, no sé qué podré aconsejarte. Piénsalo bien, antes, sea como sea: el matrimonio es una cosa muy seria; aunque actualmente el divorcio está muy difundido, eso es algo caro y además siempre está el problema de los hijos, dado que como Dios manda (por cierto, nunca he oído un consejo más ridículo) nos reproducimos sin ton ni son, como conejos, con total inconsciencia, y sin tener en cuenta las conveniencias de la especie.

Para hablar y mirarlo al mismo tiempo, debía inclinar su majestuosa cabeza gris por encima del mostrador de madera.

—¿Quiénes las determinarían? —preguntó él—. Pienso casarme con mi madre, en cuanto haya alcanzado la edad, la altura, el peso y el desarrollo suficientes. Necesito saber exactamente cuánto tiempo falta para ello. Estoy buscando una máquina de aceleración de los años, pero me parece que nadie sabe mucho al respecto.

—En los tiempos heroicos, me refiero a las edades clásicas, no a las guerras de independencia, era un consejo de ancianos quien determinaba las conveniencias de la especie, aunque no estoy muy seguro de que actualmente este procedimiento fuera eficaz; como todas las cosas de este mundo, los viejos hemos ido degenerando con el transcurso de los siglos. Tu madre es una buena mujer; seguramente será una digna esposa. Ahora bien, hijo, no conozco ninguna clase de máquina de acelerar el tiempo, como tú dices, por lo menos en nuestra dimensión, que, como sabes, es una triste, insuficiente e incompleta tercera dimensión. Por ahora, el tiempo se alarga o se acorta según la intensidad del placer que disfrutemos, y ése es un cómputo individual y privado, muy relativo, sujeto a las variaciones térmicas, biológicas y químicas, por no decir espirituales, de nuestra naturaleza. Sin contar las sentimentales. No sé si me explico.

—¿El placer alarga o acorta el tiempo?

—Según la sabiduría popular, hijo mío, lo acorta. Las horas, los días y semanas se esfuman, transcurren rápidamente, se precipitan, fugaces, deslizándose por la pendiente.

—¿Qué pendiente?

—Depende, hijo. Es una figura del lenguaje. Y tu madre, ¿está dispuesta a casarse otra vez?

—Entonces, lo que necesito para acelerar el tiempo, es una máquina de obtener placeres —reflexionó en alta voz—. Aún no se lo he preguntado, pero es seguro que dirá que sí.

En cuanto a la máquina de placeres, era tan difícil de conseguir como la de acelerar el tiempo, siendo, de alguna manera, la misma cosa. Las informaciones que obtuvo al respecto fueron dispares. Su padre le dijo que si bien el placer era algo fundamental en la vida del hombre (al punto de que el conocido puericultor Sigmund Freud lo consideraba uno de los instintos primarios de la vida) su manipulación era algo delicada, dado que en cualquier momento podía convertirse en su opuesto, y proporcionar disgusto, fastidio o dolor, en lugar de satisfacción. También le dijo que si era cierto que en general se podía considerar que dos o tres cosas en la vida eran fuentes de placer para casi todo el mundo, en cuanto a los demás, eran extraordinariamente variables y aun inconstantes dentro del mismo individuo, dependiendo de la clase social a la que se perteneciera, la educación recibida, el color de la piel y hasta de la latitud y la longitud del lugar donde se hubiera nacido. En seguida le explicó que el placer de fumar le provocaba dolor de garganta, y con el tiempo (cuando muchos placeres hubieran transcurrido) hasta una maldita enfermedad llamada cáncer. Él llegó a la conclusión de que si los placeres dependían de tantas cosas y podían aun transformarse fácilmente en sus opuestos, era cuestión de andar cazándolos como a pájaros, y una vez atrapados, había que meterlos en jaulas, para que no se fueran. Su madre, por su parte, optó por hablarle del cultivo de las rosas y de las dalias, actividades placenteras y sin riesgos, si descartábamos las espinas de las rosas, pero ahora existía el suero antitetánico, por cierto, muy doloroso; en cuanto a él, que se sintió bastante desolado, comprobó que era imposible acelerar el tiempo a través de la ingestión de varios frascos de mermelada de fresa, porque al segundo estaba tan empalagado que comenzó a vomitar.

Volvió al bazar, apartó con repugnancia la vista del frasco de dulces («Es por la mermelada», se disculpó ante el ferretero, que lo había mirado con disgusto al comprobar que no sumergía las manos en el frasco de vidrio) y le dijo al hombre, intempestivamente:

—¿Cómo se puede organizar la vida de una manera coherente si no sabemos exactamente la índole de nuestros placeres, la cantidad, su disposición y la exacta frecuencia con que deben ser administrados? Por lo que veo, hasta ahora nadie puede percibir con claridad la esencia del tiempo, aunque lo calculen. Ella se casará conmigo en cuanto se lo proponga; tendremos un dormitorio empapelado con un océano enorme y peces de colores. Yo la arrullaré para que se duerma, todas las noches, y le contaré fábulas y acertijos. Seremos muy felices.

Desde arriba del árbol, parecía un día como cualquier otro, no diferente a los sábados, martes y domingos del resto de la vida. Subió temprano, para verlo venir. Subió con prismáticos y catalejo. Con el catalejo, divisaba el mar, lejano, tan quieto que parecía una nube baja, posada sobre la tierra. Pero él sabía que se trataba del mar, una masa de líquido que lentamente horadaba las piedras y a veces parecía flotar entre el cielo y el suelo, sin destino fijo. Con los prismáticos miraba hacia el horizonte, tratando de descubrir alguna señal que identificara ese día entre los otros, que lo distinguiera y lo hiciera diferente. Si el universo no lanzaba ninguna indicación, y ningún dato, reconocible en la armonía de las plantas, en el tránsito de las nubes, en el color del mar, en la constitución del aire, en el perfume de las ramas, en la sombra de los edificios, en la luz del sol, distinguía ese día de los otros, ¿cómo haría en el futuro para reconocerlo?

—Mirarás en el almanaque y siempre sabrás que este día de cada año es tu aniversario —respondió su padre, algo molesto. Acababa de extraviar su llavero.

—¿Cómo sé que todos los años habrá almanaque? —insistió él, sentándose en el sofá debajo de cuyo asiento había ocultado el llavero niquelado del padre.

—Siempre habrá almanaques por la sencilla razón de que los hombres no sabemos vivir sin distribuir de una manera convencional el tiempo. ¿Has visto dónde he dejado mi llavero?

—O sea —meditó él— que nada certifica, en realidad, que yo he nacido efectivamente este día.

Los objetos aparecían y desaparecían sin el menor orden, sin método ni conducta organizada. Hacía tan sólo un instante había visto su llavero encima de la mesa del comedor, que ahora lucía despejada y lisa, desnuda, con aire de fingida inocencia, mostrando su superficie vacía con absoluto desprecio por su preocupación.

—Por supuesto que has nacido un día como el de hoy —aseguró su madre, interviniendo en la conversación—. No debes preocuparte por ello.

Venía de la cocina, tan bella y serena como si viniera del jardín. Qué hermosa es, pensó. Se entretuvo, dibujándola mentalmente, recorriendo sus rasgos con los ojos semicerrados y las manos que en el ensueño depositaba sobre sus senos. Según ella misma le había contado, antes de nacer había pasado nueve meses en su interior, sin salir afuera, oculto entre sus órganos y arterias, protegido del frío, de la luz y del rumor por la tela de su vientre. De esa otra vida, nada recordaba. Nada fluía a su memoria. Hacía enormes esfuerzos, se concentraba, pero ninguna imagen venía de ese pasado, ninguna señal. Como este día, desde arriba del árbol, no indicaba nada. Nueve meses perdidos de la dulce convivencia, nueve meses ausentes de sus recuerdos, nueve meses de los que nada sabía, si no eran las palabras evocadoras de la madre. «Un día te moviste. Era de noche y yo estaba sola. Como un pececito, te moviste dentro de mí.» Y la sensación de delicia y repugnancia al unísono, de viscosidad y dulzura, como el segundo frasco de mermelada que quiso comerse y no sirvió para acelerar el tiempo, para ganarle a los años de su madre, seguramente porque en ese segundo frasco no había placer sino ansiedad. No sirvió para que creciera veloz y de pronto tuviera la estatura de su padre, su vigor, sus pantalones largos y los cigarrillos en el bolsillo de la chaqueta. Apretó bien el llavero bajo el asiento del sofá. Ojalá las llaves se rompieran, se hicieran trizas, y él ya no tuviera con qué entrar a la casa, la puerta estaría cerrada toda la noche y él no tendría qué poner en la cerradura y ellos dos, su madre y él, estarían solos muy solos los dos dentro de la casa y el padre sin llaves («Elisa, he extraviado mi llavero.» «Pero querido, qué descuidado eres»). Sin poder entrar, golpearía la puerta, ellos dos adentro muy solos, nadie le abriría. «Por favor mamá, no vayas, quédate conmigo, esta noche quédate conmigo, te contaré cuentos te cantaré te traeré un vaso con agua quieres chocolate podrás dormir con mi perro de felpa y yo te acariciaré la cabeza, por favor no abras, toda la noche a tu lado, la cama es grande, ambos cabemos, cuéntame más, dame agua, no tengo sueño, velaré junto a ti, velar viene de vela, los botes tienen velas o no tienen, él extravió las llaves es su culpa por ser tan descuidado juro que yo no las vi no las toqué él se quedará afuera para siempre y yo adentro, otra vez adentro, golpeará pero nadie abrirá la puerta porque yo he crecido soy grande todo un hombre. Un aniversario más y ya he crecido todo lo necesario.»

El día no tenía nada de espectacular, salvo que por la tarde le ofrecieron regalos. Primero vino su padre con una bicicleta nueva. Estaba disgustado por el incidente de las llaves que no aparecían, pero igual le acarició la cabeza y le dijo: «Éste es el regalo que los dos te ofrecemos. Disfrútala y muy feliz cumpleaños.» No supo por qué le disgustó la palabra dos. Siempre había cosas así en la vida, que a uno le disgustaban sin saber por qué. Después vino el hombre del bazar con un hermoso libro lleno de láminas que a él le gustó mucho. También le trajo una bolsa de caramelos y tuvo la discreción de no tocar el tema del casamiento; su padre estaba delante y no se sabía cómo podía tomar el asunto. El problema no eran las palabras, sino su empleo, porque otras veces la palabra dos no le molestaba. Por ejemplo, cuando su madre le informaba al padre, señalándolo con un gesto, mientras él hacía como que jugaba con su juego de bolos sobre la alfombra del living: «Hoy iremos los dos de compras; tengo que traer algunas cosas y él si vieras cómo me ayuda», entonces el término dos no le molestaba, todo lo contrario, le producía hasta satisfacción. Se ve que las palabras eran ambiguas, como le había explicado el hombre del bazar.

—Las palabras son ambiguas porque significan según el significado de las demás, como hermanas que todo el día estuvieran contándose cosas, las unas a las otras, comentando esto y aquello, susurrándose al pasar.

De lo cual él dedujo que las palabras eran unas chismosas.

Lo malo del día fue que el llavero no apareció, lo cual disgustó muchísimo al padre, que no atinaba a saber qué había hecho con las llaves y cada vez se ponía más nervioso y malhumorado. Pese a saber que cuando las cosas huyen o desaparecen, mejor es no insistir.

A las cuatro de la tarde le pareció observar una extraña mancha roja en una nube, pero desapareció pronto, y ya no supo qué esperar.

—Baja de ahí, por favor —le suplicó su madre—. El sol es fuerte y te hará daño.

El padre no había tenido más remedio que salir a buscar quien le hiciera llaves nuevas.

Él bajó del árbol con los prismáticos colgados del cuello y el catalejo en una mano. Le hubiera gustado que el catalejo fuera de su abuelo.

Cuando pasó cerca de la pared del living, volvió a medirse. Vio que la marca hecha a lápiz unos días antes de su aniversario estaba en el mismo lugar, exactamente a la altura de su cabeza, sin que él hubiera crecido ni unos pocos milímetros.

—Este niño sólo piensa en crecer —había comentado su padre, viéndolo medirse a cada rato.

La madre había entrado al dormitorio, aunque el padre no estaba.

No se animó a entrar, porque ella dormía, pero decidió aguardar a la puerta, con un hacha en la mano. Le había costado un poco convencer al hombre del bazar del cambio, pero al final aceptó.

—Yo le doy la bicicleta y usted me da el hacha —le había propuesto.

—No me parece justo; pierdes dinero —le contestó el hombre, poniéndole un puñado de caramelos de miel en cada mano. Él eligió uno, lo desenvolvió lentamente y se lo llevó a la boca; por suerte, había desaparecido la náusea de la mermelada.

—Usted se queda con la bicicleta y yo me llevo el hacha —insistió él.

—No estoy seguro de que tu madre te deje talar ese árbol —argumentó el hombre. Observó que el frasco de dulces estaba casi vacío y corrió hacia el fondo del almacén a buscar más. No soportaba ver el frasco vacío e imaginar a los niños sin qué llevarse a la boca.

—Da demasiada sombra sobre la casa y le quita luz a las plantas —dijo él—. No lo voy a talar en seguida —agregó—. Voy a esperar a crecer un poco más. Seguramente el año que viene podré hacerlo.

(Los años asomaban su cabeza por el horizonte, como niños pequeños.)

Sólo debía esperar un año más delante de la puerta, calculó. Y era posible que su madre durmiera todo el año, nadie sabía qué pasaba con el tiempo, si el sueño le daba mucho placer quizá el año transcurriría rápido como un mes, o como una semana; si soñaba cosas muy felices hasta era posible que el año transcurriera rápido como un día y amaneciera en seguida, amanecería ahora no más y él estaría vigilando a la puerta para que nadie entrara, trajera o no trajera llaves.

LA ANUNCIACIÓN

Yo estaba juntando piedras en el agua cuando apareció la Virgen. Junto piedras de las grandes, no de las chicas. Ella vino como del mar, aunque no estoy muy seguro, por ser el agua muy larga y muy ancha, por estar yo cabizbajo y agachado, juntando piedras. Las piedras las recojo del agua, las entresaco, las cargo en brazos y las llevo hasta la orilla. Al principio, no pensé que fuera la Virgen.

Amaneció gris y plomizo como un mar.

Sólo la había visto una vez, en la iglesia, cuando la sacamos en procesión, no me imaginé que la vería venir caminando por la playa, con aquel color de ojos y aquella su pena por la muerte del hijo. No me imaginé porque siempre estoy solo y porque venía sin corona, sin corona de Virgen, aplastando suavemente la arena bajo sus pies. Pero entonces, no dudé un instante. Nunca hay nadie en esta playa, retirada y como distante del resto de la tierra. Apartada, aislada, sólo visitada por el mar. Yo estoy siempre solo, juntando piedras. Al principio, se me hielan las manos y los dedos resbalan, los dedos que quieren aferrarse a las piedras y cazarlas, como si fueran animales marinos. Piedras ballenas, montañas del mar. Hacia adelante, hacia el fondo y hacia los lados, sólo se ven aguas, aguas verdes y azules, aguas cetrinas, y enormes rocas fijas, como barcos encallados. Hundo las manos y los dedos resbalan de las húmedas superficies de las piedras. El color de las piedras es diferente, según las haya o no sacado del agua. A veces están llenas de musgo de mar y líquenes, llenas de algas donde flotan los erizos. Pero cuando las manos se acostumbran andan por el agua como si fueran peces. Entonces las apoyo en la superficie oscura de la piedra, las calzo entre los dedos y las levanto. Izadas, las llevo hasta la costa.

Hace diez días que llegamos, y desde entonces, no hemos visto a nadie. Nadie nos ha visto.

Los botes pescadores están tirados en la arena, abandonados. A uno le crecen flores silvestres entre las maderas acorchadas. Tallos verdes y una corona blanca entre las tablas húmedas y astilladas. Lentamente se muere. Se muere desvencijado, recostándose en la arena. Alguna gaviota escande el aire, alas en cruz, oscuro el pecho y levemente se posa. Se posa en el remo inútil del bote, que hunde su cuello en la arena. Antes, cuando los pescadores salían al mar, en cada bote había un gran farol montado, como un ojo que iluminara las intimidades de las aguas y de los peces. Un ojo redondo y sin párpados, de mirada potente y serena. Los pescadores lo limpiaban, lo frotaban, acomodaban su luz, velaban por él. Ahora las redes cuelgan enmohecidas y dejan su sangre menstrual sobre la arena.

Sólo un niño que juega en el mar y junta piedras.

A veces pasa distante una embarcación. La arena invade y trepa las barcas vacías. Junto piedras y las llevo lejos del agua, para que las olas al lamer la orilla no las encuentren. Trabajo así toda la mañana. A menudo me canso de acarrear piedras, tengo los dedos fríos y acalambrados, el aire es verde, los árboles rugen con el viento, las olas ululan y se advierte una conmoción, la atmósfera, los elementos preparan algo, algo se va gestando en el seno del mar, pero cuando miro el agua y veo tantas piedras debajo, en seguida vuelvo a mi trabajo, sin distraerme, sin parar, porque en el fondo quedan muchas más. Agachado, el agua me pasa entre las piernas. El agua y algunos peces pequeños, plateados, ágiles e inquietos. No sé si me ven. Nunca he sabido qué y cómo miran los peces, ni hacia dónde, con sus grandes ojos fijos. No sé si separan las aguas para mirar. Si sus miradas se derraman entre las piedras y las algas del fondo. Nunca fui pez. Ni tuve aletas en los costados, no nací en el agua, no me alimenté de algas.

En inmensa soledad.

Piedras hay de muchos colores. Yo diría: de todos los colores conocidos más otros colores que sólo son de agua y ellas tienen, por vivir en el mar, entre líquenes y plantas. Si no salió del mar, no sé por dónde vino. No llevaba corona; caminaba despacio, como flotando sobre la arena.

Como si no estuviera solo, como si el agua, las piedras y el ruido del viento lo acompañaran. Absolutamente concentrado en su tarea y comprendiendo de alguna manera la armonía del universo. En esa mecánica descubrió su rol, su función, y la asumió con dignidad y respeto, con convicción. Sólo las gaviotas han podido vernos.

Junto piedras todos los días, aunque llueva o haga viento. A veces el mar está quieto cuando entro; quieto y sin moverse como un elefante echado y dormido. Las barcas no se mueven y los mástiles parecen cruces. Las aguas entonces pesan mucho, como si fueran de piedra. Es agua sólida, agua de cemento. Nada se mueve en la superficie; nada se mueve por adentro. El mar está suspendido, denso, uniforme, pesado. Estático, imprime su serenidad a todas las cosas; hasta los pájaros parecen volar más lentamente, para no rozarlo. Otras veces, en cambio, sopla fuerte la tramontana y las gaviotas no pueden volar. Están mucho tiempo fijas en el aire, las alas tensas y abiertas, desplegadas, pero sin avanzar. Chillan y no se mueven. Como si un hilo las tuviera prisioneras. Y el mar está lleno de olas, olas que se disuelven en la atmósfera empañada. Entonces las barcas se inquietan y quieren huir del temporal a las casetas de la playa; hay algunas que, en su afán de irse, tiran de las cuerdas hasta zafar, y ya sueltas, casquivanas, como muchachas disolutas y alocadas van de un lado a otro, perdido el rumbo, chocando entre sí y contra las rocas, golpeándose las caderas en las piedras. Ruge el viento, las olas salpican más allá de la muralla, las boyas rojas se hunden en el mar intenso y después de un instante vuelven a salir, asoman las cabezas como náufragos que se mantuvieran difícilmente a flote, esperando quien los salve. Ruge el mar y todo parece a punto de romperse: a punto de romperse en relámpagos y truenos el cielo gris y malva, a punto de romperse las alas tensas de las gaviotas, a punto de romperse el pequeño muelle de piedra y de madera, a punto de romperse las cuerdas de las barcas, los faroles y los mástiles que se inclinan a uno y otro lado.

Cómo ha venido a dar acá, quién lo ha traído.

Cómo llegó, de dónde vino, atravesando las arenas de la playa.

Debajo del mar hay estatuas blancas. Yo las he visto. Imágenes de mujeres esculpidas; a veces les falta un brazo; a veces una pierna; otras, la cabeza entera. No siempre están ahí, no siempre son visibles. A veces el color del mar las tapa por completo; otras, son las cabelleras de las algas y sus habitantes, los erizos, que ocultan su presencia. Tan clavadas al fondo que podrían confundirse con él, si el fondo fuera blanco, si tuviera caderas de mujer. Nunca asoman a la superficie. Ninguna corriente las alza, las eleva, pedestal de agua. Ninguna fuerza desde el fondo las iza, las enarbola, como estandartes. No suben a contemplar el cielo, a echarse en la arena, como bañistas. Nada las atrae al exterior del agua. No sueñan con conocer el aire, con tocar la tierra. Hundidas en el fondo del mar, a veces dejan ver una pierna, un brazo blanco, y ocultan el perfil, las manos delicadas, la nuca torneada. Ocultan su secreto, esquivas, entre los pliegues de sus vestidos y los peces distraídos las rozan, al pasar, picotean sus senos, lamen sus cuellos blancos. Inmensamente diferentes a los cadáveres mutilados que a veces el mar echa en la playa, y trae desde el fondo de la guerra, con ojos despavoridos y los cabellos manchados de algas. Gente piadosa, en silencio y sin comprometerse los recoge —les faltan los dientes, las orejas, los dedos, las manos— enterrándolos en el monte. Gente infeliz en silencio los esconde, lapidan con ellos el bosque, sedimentan la tierra.

Cómo ha venido a dar acá, quién lo ha traído.

Estaba alzando una piedra cuando la vi venir de lejos. Entonces, no supe quién era que venía. La mañana era verde y el mar estaba sombrío. Sólo vi una figura gris que venía con el viento. La piedra era pesada y la tuve que sostener con ambas manos. La robé al fondo del mar cuando todavía era dorada; el aire la oscureció al salir y tenía, en la superficie, pequeñas mordeduras de agua, como múltiples ojos que desde adentro me miraran. La deposité en la arena, lejos de la horadación del mar y sus estrías, y volví a la orilla, no sin antes mirar —para ver que lentamente se acercaba— la figura gris que venía con el viento.

—¿Quién es el niño?

—*Va y viene del agua como si aquéllos fueran sus dominios. Como si sólo él reinara en toda la extensión. Pero humildemente. Como un trabajador.*

49

*Muy concentrado en su tarea. Sin pausas. Creo que
no descansa nunca.*

Aquella mañana todo estaba verde, gris y verde
como debajo del agua. Como el color de los peces
desfilando entre las piedras.

*Ya no podía retroceder porque me había visto.
Además, estaba muy ocupado en su tarea de acarrear piedras.*

Fui y volví. Volví y fui. Había muchas piedras en
el fondo; el fondo siempre está lleno de piedras y
de algas. Ella lentamente se acercaba. Como las olas,
como el viento, se acercaba, haciendo crujir la arena
bajo sus plantas. Caminaba despacio, sin mover los
brazos, y parecía que sus piernas apenas se movie-
ran. No sé si salió del agua o por dónde vino, porque
yo estaba muy ocupado con las piedras, que me dan
mucho trabajo. No miraba más que hacia adelante,
no miraba hacia atrás ni a los costados.

*Iba a continuar el camino, satisfecha de no haber
despertado su atención, cuando de pronto fijó los
ojos en mí, como si me hubiera reconocido, como si
me hubiera visto antes. Clavó sus ojos en mí y lentamente, muy lentamente, como si me identificara rasgo a rasgo, como si la memoria le fuera tirando señales, huellas dactilares, se irguió, delante mío, ya
completamente seguro.*

Iba a continuar mi tarea; iba a entrar al agua y
agacharme, para recoger otra piedra, cuando la miré.
La miré de cerca y la reconocí. Quedé petrificado.

Vacilé un instante.
Estaba delante de mí.
Pensé salir corriendo. Huir.

No todos los días se ve venir a la Virgen salida
del agua. No todos los días ella llega caminando por
la playa. No parecía mojada y sus ropas estaban
completamente secas. Tenía los mismos ojos color
de mar que yo le había visto en la iglesia, una vez

que la expusieron en público y la sacaron a dar una vuelta por el pueblo, en procesión. Los niños y los ancianos la llevábamos como a un trofeo del mar. Como si fuera un pez gigantesco y muy raro, que nos va a dar de comer todo el año. La sacamos de la iglesia y la llevamos a pasear por las calles empedradas del pueblo y todo el mundo salió a mirarla, las ventanas se abrían y desde los balcones las mujeres y los niños le lanzaban flores, y los viejos abandonaban sus camas y los enfermos se levantaban para verla y los hombres que bebían de pie, frente a los mostradores de estaño, volvían las cabezas, suspendían el trago y respetuosamente se descubrían para saludarla. Todo el camino tuve miedo de que se cayera de su pedestal —las calles eran empedradas— y rodara por el suelo. Y su manto negro de Dolorosa se ensuciara y perdiera el bello pañuelo que sostenía entre las manos para secarse los ojos por la muerte de su hijo. Todo el camino estuve intranquilo, vigilando su paso, por temor a que trastabillara y cayera, y sus finas y delicadas manos de porcelana se lastimaran y perdiera su corona y las aguas de sus ojos se volcaran.

Una vez que pescamos un pez muy grande también hubo fiesta y procesión y todo el mundo salió a mirarlo y al atardecer se le encendieron velas y algunos hicieron fogatas en la playa. Toda la noche en altamar roncaron las ballenas.

Y en lugar de huir corrí hacia ella y cuando estuve cerca me incliné. Ceremonioso me incliné un instante. Ella me miró serenamente; entonces yo levanté la cabeza, y vi que tenía los ojos color agua. Aquellos ojos yo los recordaba bien por habérselos visto el día de la procesión. Ojos tristes e indefiniblemente tiernos. Los ojos de una mujer a quien le han matado a su hijo y siente tanto dolor que no piensa en vengarse, porque la tristeza es tan inmensa que llama más al amor que al rencor. A aquella mujer le habían matado al hijo —cuyo cadáver, quizá, estaría bogando aún en el agua y uno de estos días aparecería en la costa, degollado y tuerto, lleno de algas y de líquenes, lleno de limo— y ahora venía caminando por la playa. Sufría por los ojos aunque parecía serena. Le alcancé un cazo de hueso de pescado por si quería llorar, para sostener sus aguas. Era un cuenco de pez muy grande, cuya cavidad es apropiada para recoger aguas pequeñas, jugos de frutas, llanto de mujer y también sirve para cavar en la arena, para hacer pozos. Ella miró el cazo y lo sostuvo entre las manos. El hueso se pone blanco con el tiempo, blanco y seco, con pequeños orificios negros. Ella pareció contenta con el regalo, pero no lloró en seguida. Lo tuvo entre las manos mucho tiempo, y se miró en él, como si fuera un espejo. En seguida, me puse a limpiar la arena para que se sentara. Elegí una superficie cuadrada, resguardada del mar y del viento, protegida por unos juncos silvestres. Allí los médanos se elevan como montañas y casi no dejan ver el bosque. Las pirámides son tan duras y consistentes que nada puede barrerlas, ningún viento azotando, ningún mar arribando. Con varas de mimbre limpié el espacio, despojándolo de hormigas, insectos, maderas, conchas y residuos del mar. Barrí esmeradamente la superficie y con las manos, agachado, la alisé, de modo de dejarla llana y lisa, cómoda para sentarse.

Estaba sorprendida y no sabía bien qué hacer. No me hizo ninguna pregunta. No dijo una sola palabra. En seguida me trajo un cazo de hueso y se puso a limpiar la arena, detrás de un médano, despojándola de todas las suciedades e impurezas. Miré a un lado y a otro, buscando por dónde desaparecer.

Entonces, la invité a sentarse. Con un gesto, la

invité a sentarse: extendí mi brazo derecho para que
se apoyara y lentamente se inclinara, tomara asiento
en el trono de arena limpia que quedaba junto a
ella. Tenía aspecto de cansada y quién sabe de dónde
venía, recorriendo la orilla, sufriendo, sufriendo, recorriendo la orilla. En el camino, había perdido la
corona o se la habían quitado, como le habían matado al hijo. Había perdido también el pañuelo aquel
que siempre llevaba en las manos, para enjugar el
llanto, y el vestidito claro que cubría su cuerpo era
a todas luces insuficiente para taparla del frío. La
invité a sentarse porque parecía cansada y soplaba
el viento y en cualquier momento las aguas subirían,
pero ella allí estaría protegida.

*Hacia adelante y hacia atrás se extendía la enor-
me playa que todos habíamos creído desierta. No
conocía este monte, no sabía bien dónde terminaba
el mar. Sólo podía retroceder, en medio del cansancio y del frío, retroceder, pero en la inmensa superficie vacía él me habría vuelto a ver, si elegía volver
atrás. Entonces, probablemente, me hiciera preguntas. Me sentía vagamente inquieta, como aguardan-
do una premonición. El cielo, gris y malva, de pronto se abría, dejando aparecer un sol redondo, de color agónico y brillo de metal. Los perfiles de un bosque lejano, completamente envueltos en niebla, parecían suspendidos entre el mar y el cielo, como si
levitaran. El aire húmedo, palpable, tenía una tensión tormentosa. El ruido del agua al romper y del
viento arribando me parecían estertores de algún
inmenso animal marino, oculto entre las aguas. Por
todos lados parecía aguardarse una revelación.*

Una vez se hubo sentado, le hice un gesto para
que esperara, y salí corriendo rumbo al monte, a
buscar ramas de pinos, flores silvestres y amapolas.
Conozco bien el monte, pero estaba tan nervioso y
excitado que perdía tiempo dando vueltas inútiles,

rodeos que no me conducían a ninguna parte. Como los cachorros saltan en el aire, giran y dan vueltas sin sentido al llegar el amo, yo me perdía por senderos llenos de plantas, me lastimaba las manos, juntaba flores y ramas al azar, arrancaba raíces, estrujaba nerviosamente tallos, aplastaba hiedras al caminar. Y mis oídos estaban pendientes del rumor del agua al llegar, vigilaban su ascenso, su crecimiento, no podía verlo pero lo oía, como dos enemigos que se conocen bien yo lo acechaba y él estaba dispuesto a aprovechar cualquiera de mis descuidos.

Bajé del monte, corriendo, con los brazos llenos de ramas de pino y flores silvestres. Tan de prisa que perdí algunas por el camino. Ella estaba allí, sentada en su cuadrado de arena, protegida del mar, del viento y de las hormigas, melancólica, mirando sin mirar, y la brisa sacudía su frágil vestido como la vela de un bote. Una a una fui depositando las ramas olorosas a sus pies, en círculo, cuidando que no le tocaran el vestido. Había ramas grises con zonas de líquenes y con cortezas de colores más claros; si se las raspaba un poco, en seguida asomaba la verdadera piel de pino, verde y resinosa. Había varas secas, crujientes y con puntas afiladas, que sirven para hacer fuego en el invierno. Pensé que ese olor quizá la ayudara a soportar la tristeza. Ella no me miraba, miraba lejos, y las aguas de sus ojos eran profundas, como día de niebla y de tormenta. Había algunas pequeñas piñas, incipientes, muy adheridas a las ramas, de costra dura y brillo intenso. Y entre las ramas de los pinos, suaves y sedosos como copos de algodón, los nidos blancos de los estorninos. Decenas de capullos de leve tejido, que los pájaros bordaban con esmero; pensé que su suave contacto y su tersa presencia iban a provocarle amables sensaciones, acogedoras y tibias. Rodeada de ramas y de plantas, de flores silvestres y de juncos, parecía una virgen de los montes que hubiera bajado un instante a la playa, a mirar el mar.

En seguida, me fui a buscar un madero con forma de lobo que el agua había arrastrado el día anterior. A veces el agua viene así, trayendo cosas que deposita en la orilla, y luego se va, como si hubiera recorrido tanto, como si hubiera andado días y noches enteros para aportar eso, para empujar suavemente sobre la arena las cosas que va juntando en su travesía. Son los dones humildes del mar; después de rumiar horas y horas, luego de ir y venir desde lo hondo hasta la superficie, arroja un pez muerto, un madero consumido, un manojo de algas o una concha abierta y vacía. Son sus humildes homenajes y húmedos. El madero lo había traído el día anterior; yo lo encontré, no lejos de allí, en la orilla, mojado por las olas, y lo saqué del agua. Me costó mucho trabajo, porque el agua absorbida lo había vuelto pesado; tenía forma de lobo de mar y su color; lo así por la cabeza y de los costados, atrayéndolo hacia la arena. Entonces, corrí a buscarlo. Ahora estaba más seco, pero seguía siendo lobo; así que lo volví a asir por la cabeza y lo arrastré por la playa hasta depositarlo al lado de la Virgen. Lo dejé junto a ella, pero mirando hacia el mar, para que no extrañara el mundo del cual había venido, en el que había nacido y vivido. Él se echó, manso, a reposar, pero mantuvo la cabeza erguida, como atalayando la costa y sus peligros. Así, custodiada por la figura del lobo de mar, su trono parecía menos despojado, su reino más vigilado. Rodeada por las ramas de pino, los juncos y las flores, teniendo, a su frente, la augusta figura del lobo, estaba más parecida a la Virgen que yo había visto aquella vez en la iglesia, vestida con un manto negro y llevada en procesión sobre un pedestal ambulante. Como entonces, yo le había regalado esta vez muchas flores blancas, flores amarillas, flores lilas y celestes, arrancadas del monte. Con ellas bajé presuroso del bosque y una a una las había colocado sobre su vestido. Ella a veces miraba hacia atrás —el hijo muerto— y sus ojos estaban infinitamente tristes. Con un gesto, le indiqué que el monte estaba lleno de flores, que había muchas más, pero que yo no podía traerlas todas, tenía otras cosas que hacer por ella. El agua avanzaba, grave, paso a paso, cada vez estaba más cerca de nosotros. Dejaba su mancha húmeda en el suelo, un poco de espuma flotaba y luego se iba, inocente, como si no se hubiera adelantado, como si quisiera ocultar sus progresos. Miré el mar y luego la miré a ella. Todavía una apreciable distancia los separaba, pero de todos modos me puse a levantar una pequeña muralla de arena, para evitar que alguna corriente de agua, desviada, mojara sus pies. Soy muy veloz cuando trabajo, y estoy acostumbrado a luchar con el mar. Rápidamente construí una empalizada de arena, malecón húmedo y de pocos centímetros de altura que actuara como fortaleza contra la penetración del agua. Lo hice de ese tamaño para que ella pudiera mirar el mar, por encima, sin tener que levantarse, sin siquiera elevar la cabeza. En cambio, el mar, así, difícilmente podría verla.

Él me traía pequeños homenajes. Frutos del mar y del bosque. Yo no sé por qué lo hacía, pero pensé que no podía detenerlo. Fuera lo que fuera aquello que él imaginaba y yo no sabía, sus gestos estaban llenos de bondad y de reconocimiento, y yo estaba demasiado cansada como para rechazar aquellos dones, por extraviados que fueran. Aterida, cansada y sin fuerzas. Pero también pensé que no podía quedarme mucho tiempo más allí. Sin duda era peligroso permanecer al descubierto, en la playa enorme y sin defensas, expuesta. Tan peligroso como volver atrás, como volver atrás y que el niño me buscara y anduviera dando voces para encontrarme, advirtiendo a cualquiera de mi paso. Permanecí quieta, sin saber qué hacer, sin decidirme, más entregada al cansancio que a la precaución. Entretanto, él iba y venía, trayendo, en cada viaje, menudos presentes.

Fui a buscar un viejo remo medio enterrado en la arena de la playa. Había quedado hundido allí, residuo de una barca pescadora carcomida por la sal, la humedad y el agua, cuyo esqueleto, partido, servía de bastión a algunas aves. A veces yo había jugado en el interior del bote, de aguas estancadas. Había tocado su urdimbre de madera, sus palos entrelazados. Palpado su corteza. Rozado su concavidad. Y el remo estaba escondido en la arena, asomando su extremo más ancho, inútil y horadado. Lo blandí en el aire, como una espada, sacudiéndole toda la arena que se le había fijado y con él girando sobre la cabeza, corrí por la playa desierta, hasta el médano donde estaba, descansando, la Virgen. Muy contento se lo ofrecí, demostrándole antes cómo había de hacer para usarlo. Primero, hice los gestos necesarios para navegar. Luego, con rápidos movimientos, le enseñé que en caso extremo, podía emplearse como arma defensiva. Ella no prestó mucha atención a mis enseñanzas. Estaba preocupada, y miraba hacia atrás con insistencia. Dejé el remo a su lado, como el cetro de una reina. Recordé el pozo en la piedra donde yo guardaba las cosas del mar que iba rescatando. Me alegré de haber juntado cosas cada día, que ahora estaban ahí, que podía ir a buscar para entregárselas. Ella no decía nada, pero esperaba. Como regresa el marino de cada uno de sus viajes, cargado de presentes, y alegre de volver a su casa; como exhibe, tierno y complacido, las telas de la China, los tejidos de Holanda, las joyas de Egipto; así yo iba y volvía, intensamente, dichoso de ir, dichoso de volver. Pero sus ojos tristes miraban hacia atrás, sin ver. Todo el viaje tuve miedo de que se cayera. Nos eligieron a los viejos y a los niños para llevarla, para conducirla entre la multitud, para guiarla por el pueblo. A mí me tocó empujar el pedestal desde un costado. Salimos de la iglesia en medio de un silencio augusto y procesional. Adelante iban los viejos y las viejas, detrás íbamos los niños.

Llevábamos diez días escondidos sin que nadie nos hubiera visto, sin que ninguno de nosotros fuera reconocido. Sólo el niño encontró a una de las nuestras caminando por la playa.

Empujábamos el carro, que chocaba contra las piedras de la calle y se sacudía, trastabillando. Ella iba de luto, con un largo manto negro, de terciopelo, que le colgaba desde la cabeza a los pies, porque le habían matado al hijo y estaba muy triste, un gran dolor le salía por los ojos húmedos color agua. El manto era negro y suave, muy profundo aquel negro, muy doloroso. Toqué apenas el borde del manto y me estremecí. Ahora no iba vestida de luto, seguramente porque había pasado ya mucho tiempo desde la muerte de su hijo; mucho tiempo había pasado pero el dolor era el mismo. Ya no iba de negro, pero igual sufría. Y las manos —las manos que asomaban, muy finas y muy blancas— debajo del manto de terciopelo negro sostenían un pañuelo de encaje, seguramente para enjugar el llanto cuando toda aquella agua que llevaba en los ojos se desbordara por la muerte del hijo. El manto tenía una orla dorada, un pequeño dibujo de hilo que no me animé a tocar. Todavía no había llorado, porque el pañuelo estaba seco, pero el gesto era de quien en cualquier momento podía ponerse a llorar, no a gritos, como lloran las mujeres del pueblo, sino triste y mansamente, porque el llanto de saber que le han matado a su único hijo no es de gritos, es de pena. Todas las antorchas estaban encendidas cuando salimos de la iglesia. Y las caras de los viejos, llenas de arrugas que se profundizaban a la luz de las velas. Yo tenía miedo de que andando por las piedras de las calles se cayera.

—Se puede caer —le dije a uno del pueblo, que empujaba junto conmigo.

—Si andamos con cuidado no se caerá —respondió, pero yo no me sentía tranquilo.

Si alguno de los otros, por ejemplo, ponía un poco menos de cuidado, podía irse al suelo en seguida, y lastimarse, y ensuciar el manto, y extraviar el bello pañuelo, y rasguñarse las manos. Era más fácil protegerla entre todos de los soldados (de aquellos soldados que habían matado a su hijo) que evitar que se cayera.

—Alguno puede descuidarse —le dije, inquieto.

—No se caerá —respondió—. Entre todos la sostendremos.

En el pozo de la piedra yo había guardado muchas cosas. Viejos anzuelos enganchados, oxidados y que aún lucían su punta, amenazadores. Trozos de línea que se habían soltado de las cañas; pedazos de redes que sirvieron para atrapar peces y habían enmohecido; grandes conchas marinas para poder oír el mar, cuando se está lejos y no se lo puede ver; una espina gigante de pez blanqueada por el sol, una quijada de burro y muchos vidrios de colores, pulidos por el agua. Cortezas de árbol con líquenes adheridos, cuerdas de botes, nudos marineros, grandes clavos retorcidos y una caja de madera oscura, que flotó en el mar, de una barca, hundida. Metí la mano en el pozo y una a una fui sacando todas las cosas. Con las manos llenas corrí hasta donde estaba ella —mirando hacia atrás— y las fui depositando en su regazo. El mar arribaba, cada vez más cerca, lamiendo el borde de la construcción de arena. La espina de pescado la clavé en la cima de la muralla, como torre vigía, silencioso faro avizor, luz en la noche que indica al navegante un peligro próximo, banco de arena o barca hundida. El trozo de red lo extendí a sus pies, majestuosa alfombra para que pasara; era una red tersa y delicada; con ella dibujé la geografía del país donde hubiéramos querido vivir, antes de la guerra. A su alrededor, como torres de juguete, como alfiles y peones, sembré los vidrios pulidos por el mar. Una cabeza de caballo color malva, una espada de acero, un farol dorado, una catedral muérdago, un ojo de pez esmeralda. Los nudos los coloqué junto a sus cabellos, para que no volaran, para sujetarlos a la arena, si querían correr, si querían irse, a llorar su pena a otro lugar. Y las cuerdas las até a su cintura, para amarrarla, como las barcas que se amarran al muelle, contra el viento y el bamboleo del mar. Rodeada por tantos trofeos parecía una virgen acuática, una estatua marina, el mascarón de un barco que yo había visto una vez, en el Museo del Mar. Con una rama de pámpanos hice una corona y la deposité sobre su cabeza; era una rama oscura y las hojas, muy verdes, nacían a uno y otro lado del tallo flexible. Lenta, ceremoniosamente la puse en su cabeza. Así parecía completa, acabada y perfecta, como la Virgen de la iglesia. Algunas algas húmedas y brillantes, sobre su vestido, hacían de manto.

Él iba y venía, del agua a la arena, de la arena a mí, pero siempre distante, sin acercárseme demasiado. Voló un pájaro y le lanzó una piedra. Severo, espantó a las hormigas y a los moluscos. Vigilaba, cauteloso, el avance de las aguas, y estaba siempre en movimiento, atareadísimo, trayendo cosas.

Entonces, escuché un ruido. Un ruido diferente, que no venía del mar ni de la arena. Conozco bien los ruidos de la playa, los ruidos de los pájaros, de las aguas revueltas, de las corrientes subterráneas.

Conozco el ruido del viento lejano, y de las nubes, cargadas de electricidad. Escuché un ruido y me puse de pie inmediatamente. Miré hacia uno y otro lado de la playa. El mar, subiendo, lamía el borde de la muralla de arena que yo había construido. La espina de pez, erigida como faro, apuntaba hacia el cielo bronco. El mar, retirándose, dejaba algas en la costa. Y el lobo marino, echado, de cabeza erguida, vigilaba, expectante, cerca de nosotros.

Debía tomar una decisión. Hablar con él o huir, regresar al lugar de donde había venido, aun a riesgo de que me siguiera, aun a riesgo de que, desde lejos, fuera recorriendo mi mismo camino.

El ruido venía del monte, y no lo producían los árboles ni el viento, no lo provocaban los pájaros ni las ramas; era mucho más sordo y metálico, era ruido humano. Me puse de pie y en guardia; ella seguía sentada, mirando hacia atrás.

—¿Dónde están los que mataron a su hijo? —había preguntado yo, cuando sacamos a la Virgen de la iglesia.

—No sé —me contestó el amigo—, preocúpate de conducir el carro.

Seguramente ahora la buscaban a ella. Todo ese tiempo yo había estado jugando, sin preocuparme de eso. Todo este tiempo perdido, sin darme cuenta de que andarían cerca. Conozco bien los ruidos del mar y del monte. Sé cuando suena a tormenta, cuando se acerca el viento y cuando roncan los peces. Ellos lo habían crucificado, después de hacerlo arrastrar una pesada cruz durante todo el camino; ellos se habían burlado de su dolor y no vacilarían en volver a hacerlo, si la encontraban. Y el agua ahora trepaba por la muralla, lamiendo la espina de pescado.

Entonces escuché un ruido. No uno solo, sino un ruido que se prolongaba y era sucedido por otros.

Un ruido que me llenó de miedo y de ansiedad. No conozco bien los ruidos del monte ni del agua. Siempre viví en la ciudad.

Avanzaban, sin duda, avanzaban por el monte, y eran pasos firmes de hombres armados y dispuestos a todo. Los pasos de los soldados romanos. Ellos y sus pesadas espadas, y sus coronas de espinas y sus juicios sumarios, y sus lentas crucifixiones.

Las gaviotas chillaban y el mar crecía. También el viento entre los pinos hacía sonar las ramas y escuché quebrantamientos, escuché quejas de maderos y golpeteo de piedras.

Corrí hacia la cima del monte y los vi venir. Traían revólveres y fusiles.

Entonces, me decidí, y eché a correr hacia atrás, en la dirección por donde había venido. Eché a correr y pisé las flores, y escuché el crujido de las conchas, y un vidrio se me clavó en los pies. Eché a correr sin mirar atrás, sospechando del ruido del agua, del ruido del viento y del chillido de los pájaros.

Traían revólveres y fusiles, perros, cuchillos y faroles. Desde la cima del monte los vi venir. Eran muchos soldados romanos y sus funcionarios, sus empleados, sus vasallos y servidores.

Corrí sin pensar, corrí sin saber, corrí entre las aguas, los pájaros y el viento. Entonces lo vi. Enarbolaba unos grandes remos de madera que hacía girar sobre su cabeza, para espantar a los soldados. Seguramente se lanzó sobre ellos por sorpresa, protegido por las sombras del atardecer. Derrumbó a dos o tres, de esa manera, corriendo con los remos en las manos y agitándolos como aspas de un molino. Al principio debió sembrar el desconcierto. Estaba oscuro y él era muy ágil, se movía con gran rapidez, de un lado a otro, sin soltar los remos.

Corrí sin pensar, corrí sin saber, corrí entre las aguas, los pájaros y el viento, a detenerlos.

Pero luego ya no vi nada más. Tuve que volver la cabeza, para seguir corriendo. Hasta que reconocí el sonido de los disparos. El único ruido que se escucha en la ciudad.

VÍA LÁCTEA

La noche en que Mauricio miró el cielo, descubrió la noción de infinito, sintió un vértigo y luego se desmayó. Posteriormente la vida le depararía otras emociones, preservadas desde antiguo por la tradición, tales como: la primera comunión, el colegio, la masturbación, el servicio militar, el juego del dominó, los exámenes, los partidos de fútbol, los conflictos generacionales, algunas enfermedades, el análisis de los sueños, la necesidad de conseguir empleo, la inflación, el voto obligatorio, el matrimonio y la sinusitis crónica, pero todos estos placeres estaban aguardándole en una región del tiempo llamada futuro; por ahora, lo más inmediato era el desmayo producido por la noción de infinito.

Había sido un día como cualquier otro. La madre de Mauricio había tenido el tacto de no enviarlo a ningún colegio, pretextando una cosa u otra. Cuando Mauricio cumplió tres años, dijo que era muy pequeño, y aunque algunas vecinas no estaban de acuerdo, consiguió imponer su criterio. Hizo todos los esfuerzos posibles para que Mauricio no creciera. Era su único hijo y no tenía ningún interés en que dejara de ser pequeño. Había comprobado lo que sucedía en la inmensa mayoría de los casos: en cuanto las madres se descuidaban, los niños dejaban de serlo, crecían, se convertían en hombres y pretendían llevar una vida independiente. De modo que en sus oraciones diarias incluía un ruego para que Mauricio permaneciera siempre de tres años, edad que le parecía ideal para ser conservada durante toda la vida. Como no estaba completamente segura de la eficacia de las oraciones, consultó a un médico especialista, quien le aseguró que pese al gran desarrollo experimentado por la ciencia en los últimos años, particularmente después de las experiencias realizadas durante las dos guerras mundiales y múltiples guerras locales, todavía no se contaba con un procedimiento adecuado para que un niño pudiera conservar indefinidamente los tres años.

—Entonces, ¿de qué sirven todas las experiencias realizadas con negros, indios, anarquistas y demás presos políticos? —preguntó la mujer, que, aunque carecía de datos precisos, tenía idea de que en los gigantescos laboratorios norteamericanos del desierto de Nevada y Oklahoma se habían consumido, en pruebas científicas, miles de reservas de búfalos, chilenos, chimpancés, uruguayos y otros animales.

—Lamentablemente, la ciencia es lenta, señora mía; no avanza con tanta velocidad como quisiéramos —dijo el médico.

En cuanto al padre de Mauricio —se había vuelto escéptico luego de un viaje en que no pudo llegar a ser presidente de ningún Estado porque las presidencias estaban ocupadas de manera vitalicia por militares de carrera y otros advenedizos— opinó que la medicina no era una ciencia, sino una disciplina meramente empírica, incapaz, por lo tanto, de conservar los dorados tres años de Mauricio para el resto de la vida.

—Tendrás que conformarte con tres años que duren sólo trescientos sesenta y cinco días —le aseguró a su esposa—. Y ten en cuenta, querida, que cada día que pase, será un día menos de tres años y un día más de tres años —agregó, porque le gustaba enseñarle a su mujer los límites estrictos de la realidad.

Para él, la realidad era un cuadrado. Para ella, la realidad era una circunferencia. Habían discutido bastante acerca de esta concepción de la realidad, antes de casarse. A él le parecía que el matrimonio de una persona para la cual la realidad estuviera representada de manera incontrovertible por un cuadrado, con otra para la cual la realidad fuera sin lugar a dudas una circunferencia, no podía dar buenos resultados. Salvo que el círculo o la esfera se sumiera dentro del cuadrado, con lo cual habría algunas zonas de coincidencia, manteniéndose, sin embargo, extensas superficies sin contacto, o que, por el contrario, el círculo absorbiera al cuadrado, quedando entonces lugares vacíos, sin comunicación, dentro de la esfera. La discusión concluyó cuando ella, que a veces era capaz de una lucidez extraordinaria, pese a concebir la realidad como una circunferencia, le dijo que los únicos resultados que podían esperarse de un matrimonio cualquiera —así fuera el de un rombo con un triángulo o el de un octaedro con una pirámide— eran una convivencia distante y pacífica —sin las dudosas exaltaciones de la pasión— y la procreación para la cual estaban fisiológicamente preparados, mucho antes de conocerse, y que gozaba del beneplácito de los generales, la bendición de la Iglesia, el crédito del Estado, la financiación privada, la bibliografía oficial, el apoyo de la tradición y el consenso del público espectador. Él consideró que la maniobra de la fecundación podría realizarla sin mucho esfuerzo, con lo cual su cuadrado quedaría definitivamente inscrito dentro del infinito contexto de cuadrados paralelos de la realidad, y ella pensó que de ese modo su circunferencia se sumaba a la serie de esferas que rotaban indefinidamente en el espacio desde los orígenes del universo, en un movimiento perpetuo sin principio ni fin. Mauricio opinaba que la realidad no existía fuera de la percepción que tenemos de ella, por lo cual se negaba a representarla bajo alguna forma determinada. Nadie le había preguntado, de todos modos, hasta ahora, cuál era su particular visión de la realidad porque todavía no estaba en edad de casarse.

Cuando su madre no pudo evitarlo, Mauricio fue cumpliendo algunos años, que finalmente sumaron siete, pero todavía no lo había enviado al colegio alegando un pretexto u otro. Un invierno fueron las amígdalas, otro una epidemia, algún mes fue el anarquismo, otro la lucha de clases, pero siempre se las ingenió para retenerlo en casa. Los demás niños lo envidiaban y si lo veían por la calle le arrojaban piedras para olvidar que él no iba a la escuela. En cuanto a la noción de infinito, la adquirió de una manera casi espontánea, contemplando el cielo. Vio brillar un grupo de estrellas, un anochecer. Estaba sentado detrás de la verja pintada de blanco, mientras su madre tejía un pullóver celeste para él, iluminada por la luz de la lámpara del jardín. Se sentía aburrido; ya había provocado un combate entre caracoles recogidos de las plantas, y contemplado durante media hora la ruta de las hormigas, observado sus idas y venidas. Había arrojado piedras al pozo de agua estancada y comido dos o tres clases de hierbas que crecían a su alrededor, de gusto ácido y lechoso. Entonces vio brillar un grupo de estrellas y las contó. Eran quince, de Norte a Sur, y ocho, de Este a Oeste. Sin embargo, la segunda vez que las contó, resultaron diecisiete de Norte a Sur y doce de Este a Oeste. Pensó que se trataba de un error al sumar, por repetición de estrellas. No podía tocarlas y separarlas, dejando a un costado las que ya había sumado. Por eso, seguramente, se equivocaba. La tercera vez que contó, obtuvo las siguientes cifras: veinte estrellas de Norte a Sur (y un pequeño punto celeste de dudosa identificación, estrella o mota de polvo en la retina) y quince de Este a Oeste (aunque creyó distinguir otra diminuta, inocente, imprecisa, la número dieciséis titilando entre la número ocho y la número nueve). Le pareció una inconsecuencia del firmamento.

—No te preocupes, hijo —le aclaró su padre—. Sean las que sean las que puedes distinguir, a miles de kilómetros de distancia de ellas, años luz, hijo mío, hay muchísimas más, invisibles para nosotros, pero detectables mediante aparatos adecuados. Telescopios y esas cosas.

—¿Y detrás de ellas?

—Más aún, hijo mío. Detrás de las estrellas hay muchas más estrellas, en enormes cantidades.

—¿Y detrás de ellas?

—Muchas más aún.

—¿Y detrás de las últimas?

—El espacio inabarcable —respondió el hombre.

Mauricio cerró los ojos. Los abrió de improviso, contempló la primera capa de estrellas, luego la segunda, después la tercera. Haciendo un enorme esfuerzo, pudo descubrir centenares, miles de pequeños puntos luminosos que destilaban su luz titilante en medio del espacio. Y el espacio, el azul, profundo espacio inabarcable, sin principio ni fin, que no concluía jamás, y que todo junto no podía entrar en la retina de sus ojos. Entonces sintió un vértigo y se desmayó.

Cuando despertó, le pareció que el espacio era una entidad invisible, cálida y amistosa que rodeaba los objetos, las plantas y las cosas. Las casas, los muebles, los animales, los bancos, las plazas y los pullóveres que las madres tejían.

—Estoy rodeado de espacio —le dijo a su padre, satisfecho. Él era un astro pequeñito que temblaba al moverse y destilaba una luz celeste o dorada, pero a su alrededor el aire componía un espacio ilimitado, sin fronteras, y él giraba según unas leyes constantes, firmes, seguras y desconocidas. Era un placer, estarse quieto en la noche cálida de verano, noche serena, y saber que a pesar de la aparente inmovilidad, él se desplazaba de una manera imperceptible según una órbita prevista, y con él daban vueltas las plantas, las hojas verdes y húmedas de la hiedra, las piedras brillantes del jardín, las ventanas blancas de marco de madera, los sofás afelpados y los pájaros que dormían en las ramas.

Su madre dibujaba esferas en una hoja de papel. Su padre siempre dibujaba cuadrados. Él no sabía por qué. El diccionario decía: «*Infinito*: Que no tiene ni puede tener fin ni término.» Que no tiene. Ni puede. Tener. Fin. Ni término. Lo repitió varias veces. Decidió hacer la prueba. Se sentó detrás de la verja, al anochecer. El cielo estaba estrellado. Su madre tejía un pullóver celeste para él. No se sabía bien cuándo había comenzado, ni siquiera si alguna vez acabaría. No se le podía hacer preguntas. Sólo mirar, observar, el lento pasaje de la lana de una aguja a otra, tan lento, tan imperceptible que su tránsito bien podría ser al fin una estancia. La lana iba y venía, y cuando iba nadie sabía si en realidad estaba llegando o viniendo, y cuando venía, nadie sabía si en realidad no estaba yendo. Abrió bien los ojos y decidió computar sólo un fragmento del espacio. Eligió uno que no estuviera aparentemente muy poblado, por temor a equivocarse, a tener dudas después. Su padre leía el diario, no lejos de allí, en una mecedora blanca. El diario tenía principio y fin, no era infinito, sin embargo, muchas variaciones podían realizarse con él, de modo que el texto leído no fuera uno solo, sino que mediante combinaciones múltiples y variadas, diversos textos aparecieran, diferentes, nuevos, no concebidos todavía por el redactor y no fijados por el linotipista. La lana corría, y si no corría, la lana se quedaba estacionada en un lugar, celeste y cálida. La franja de espacio a observar debía ser cuidadosamente delimitada. Una vez elegida, buscó puntos de referencia para establecerla. Una estrella, al norte, solitaria y distante, de brillo casi fijo, podía ser un límite real. El espacio vacío, a la derecha, establecía un campo neutro, una zona de reposo, un rellano estelar donde aposentar la nave de los ojos cuando se cansara de bogar por el universo de estrellas titilantes. Al sur, buscó un límite, una baza, algo a qué aferrarse. Finalmente descubrió una oreja de perro compuesta por una pequeña formación estelar —grupo escultórico, podría decirse— que le serviría de referencia. La página cuatro del diario crujió, al doblarse, y se derramaron algunas letras sobre la superficie de la página diez. En cuanto al lado izquierdo, era fácil guiarse por tres estrellas montadas las unas casi sobre las otras. Eran pequeñas y parecían humanas.

Una vez delimitado el perímetro a analizar, fijados los límites con precisión, establecidas las coordenadas de observación, era necesario contemplar con esmero pero sin fijar demasiado los ojos, de lo contrario, el esfuerzo realizado por la vista podía propiciar la aparición de puntos confusos, factibles de equívoco, de identidad siempre imprecisa. Sobre el texto leído, infinidad de otros textos podían leerse, al azar, mezclando los símbolos, las frases, como la lana que iba y venía construía, en su movimiento, pasos de danza diversos, estructuras del aire cambiantes, energía que se desplazaba sinuosamente, en formas múltiples. Comenzaría a contar de oeste a este, como si siguiera el movimiento de una nave. Luego lo haría de norte a sur, sin desplazarse, sin mover la cabeza, sin cerrar los ojos. ¿Qué clase de información podía suministrar un texto, si bastaba desplazar, cambiar una sola de las partes de la frase, o aún menos, si alcanzaba con modificar el lugar de uno de los símbolos escritos para que el mensaje fuera otro? Al fin su madre podía estar tejiendo un pullóver una red un bolso o una bufanda, la lana iba y venía, movimiento pendular y perpetuo, una vez había comenzado, sí, había comenzado a tejer pero ya nadie recordaba cuándo, ni cómo fue; nadie sabía, tampoco, cuándo acabaría, ni qué forma al fin asumiría, después de haber sido sucesivamente ancla lazo timón sable y espuela. *Designación de nuevo ministro de Economía.* Doce, de oeste a este. *Deportación de presos políticos. Catástrofe aérea.* Quince, de norte a sur. Quince. Quince estrellas seguras de sí mismas, brillando en el firmamento, desafiantes. Designación de presos políticos. Economía aérea. Catástrofe de ministro. ¿Qué había querido tejer ella, al principio? ¿En qué principio? ¿En el principio del infinito? La primera capa parecía definida. Doce de oeste a este, y quince de norte a sur. *Renuncia del presidente de la federación ajedrecística mundial. Escándalo en la vía pública.* Pero seguramente, detrás, había otras capas. Otras capas aparentemente invisibles, difíciles de detectar en una visión sencilla e inocente de la realidad.

—Si fuera un cuadrado —había dicho ella, antes de casarse, y muchas veces más, después de casada—, siempre existiría el riesgo de golpearse contra los bordes, de chocar contra ellos. Una línea lanzada desde cualquier punto del interior del cuadrado terminaría indefectiblemente por estrellarse contra un ángulo, contra una recta, y por más que insistiera, como insiste el pez atrapado en la pecera, golpeando, lamiendo el borde frío del cristal, no habría posibilidad de transgredir esos límites específicos marcados por no sé quién. La línea volvería, retrocedería, iniciaría la marcha hacia atrás, elegiría otro camino, como una saeta se lanzaría hacia otras superficies, otros campos, pero siempre se daría de lleno contra la indefectible rigidez de los lados del cuadrado.

—Si fuera un círculo —argumentaba él—, toda la vida giraría indefinidamente, sin retroceder ni avanzar, sin noción de progreso o de retraso, las diversas moléculas se mezclarían, en una terrible confusión, o sencillamente, los puntos del interior de la circunferencia, lanzados en diáspora, danzarían una danza inconclusa y sin sentido, perdidos en el espacio, flotantes y minúsculos, bien dispersos, bien acoplados en repugnante concubinato.

Vía aérea, escándalo mundial, federación pública, renuncia ajedrecística. En cuanto a esa segunda capa, todo era más confuso. Las formas se hacían más vagas —como a lo lejos, se divisa una nave blanca, que puede ser, también, por qué no, una isla cubierta de nieve, una nube baja, un enorme animal echado (¿cuándo comenzaría ella a tejer?, ¿cuándo decidió cuál sería el movimiento de la lana, de izquierda a derecha o de derecha a izquierda?)— y el brillo, cada vez más difuso. Le costaba un gran esfuerzo contar las estrellas de esta segunda capa, frecuentemente sufría vacilaciones, dudaba entre seguir adelante, con la próxima, o retroceder, para revisar el cómputo anterior. *Ocho mineros muertos y veintitrés desaparecidos. Varios temblores de intensidad media han sacudido hoy la parte sudoriental del Irán. Se supone que la mayoría de los siete mil desaparecidos en lo que va de año —cifra parcial, pues se ha prohibido la denuncia de desapariciones— han sido ejecutados y sus cuerpos no fueron encontrados. Aumentan los precios de los subproductos del petróleo. A fin de mantener las relaciones profesionales con las Fuerzas Armadas, el Departamento de Estado piensa por el momento seguir ofreciendo su asistencia en materia de seguridad y torturas.* ¿Teje o desteje? ¿Conduce la lana hacia el mar de puntos celestes o va desenhebrando los hilos cálidos, hundiéndolos en la marea de los mares? Se supone que la mayoría de los desaparecidos aumentan los subproductos del Departamento de Estado. Y de pronto, los límites elegidos con precisión, sabiamente estudiados, de pronto los límites y las guías establecidas se volvían confusos, oscilaban, se mezclaban con otros, la estrella solitaria y distante, al norte, aparecía rodeada de otras estrellas distantes y solitarias, ¿o es que no las había visto antes?, y el espacio vacío, el campo neutro a la derecha parecía sembrado de ojos, titilaban las pupilas, la oreja de perro se había fundido en una rueda de puntos giratorios, ya no ladraba el can y la página diez del diario estaba surcada de estrellas como letras. Piensa por el momento seguir ofreciendo su asistencia en materia de desapariciones y de torturas.

Había perdido por completo la visualización de los límites; las primeras estrellas se confundían con las segundas y con las últimas; si miraba —y si de algo estaba seguro era de que no podía dejar de mirar— los puntos plateados de las estrellas se reproducían, se multiplicaban, como si siempre hubieran estado allí, como si no se hubieran movido jamás, unas estrellas se juntaban con otras y cada vez era menor el espacio neutro que quedaba entre ellas, los astros eran ganados por la concupiscencia, se montaban unos sobre otros, cabalgaban, y había tantas estrellas que sintió que no sólo le entraban por los ojos, no sólo inundaban sus pupilas y su retina y sus iris y sus pestañas y el lago de las cejas, las estrellas de pronto lo invadían penetrándolo por las orejas, le asaltaban los oídos, le llenaban la cabeza, el pelo, el aire de la boca, tenía estrellas en los dedos y debajo de las uñas y los bolsillos llenos de estrellas y si pisaba sus pies aplastaban astros titilantes.

—Circular como una esfera —había dicho su madre, con toda seguridad.

—Cuadrada como una caja —había contestado él, con firmeza.

Y después de veinte venía el veintiuno y luego el veintidós y después el veintitrés, tenía que apurarse para poder contar, tenía que correr para ganarle a las estrellas, infinito correr, infinito contar, me voy a morir antes de poder contarlas todas, pensó, porque las estrellas seguían apareciendo, ocupaban todo el espacio, llenaban el aire del cielo y el aire de la tierra y comenzaban a posarse en las ramas de los árboles y en los matorrales, en la torre del vigía y en los faroles, las estrellas que ya no encontraban lugar en el firmamento bajaban un poco, se deslizaban hasta penetrar en la atmósfera más próxima de las casas y me van a ocupar el cuarto la cama el ropero todos los muebles y trescientas cuarenta y ocho, *ha devaluado su moneda en un 389 por ciento en un año*, las gallinas comenzarían a chillar cuando les invadieran el gallinero, el diario lleno de puntas de estrellas, *«militares especializados matan de hambre a una rata durante varios días hasta que el animal se convierte en carnívoro»*, la lana yendo y viniendo, viniendo y yendo en un continuo balanceo; *«luego la introducen en el intestino de su víctima»*. Y si una se caía, de la rama más alta de un árbol, ¿qué pasaría? ¿dejaría de iluminar? ¿perdería su luz? ¿podría acercársele despacito a tocarla?, como no había tocado nunca el tejido celeste de la madre —a ella no le gustaba— como las letras del diario que parecían fijas se mezclaban. *Por ese método acaba de morir, por ejemplo, el sacerdote Pablo Gazzardi*. Y al caer, ¿derrumbaría la casa? ¿La mecedora del padre? ¿Aplastaría las flores del jardín? Foto: Daniel Gluckmann. Copyright: *Le Nouvel Observateur*. Mil doscientos tres, mil doscientos cuatro, la vida es corta, una noche entera no alcanza, mil doscientos siete, mañana se irán, eso es seguro, eso es una tranquilidad, saber, saber que mañana se irán, y no estarán, no más, *desaparecidos*, siete mil, prohibido denunciar nuevas desapariciones, aunque él no tuviera tiempo de contarlas a todas y la vida no fuera lo bastante larga, tuvo ganas de, iba a seguir contando toda la noche pero igual, podía soportarlo porque mañana ya no más, con la luz del amanecer se irían y quizá ya no volvieran, no todas las noches, no todos los días, ir a decirle a su madre: «Mamá, ya no están, se han ido, no volverán, duerme tranquila, teje tu lana, lee tu diario. No estarán más.» No más ratas durante varios días comiéndose el intestino de. Cuatro mil ochocientos quince, cuatro mil ochocientos dieciséis, especializados en, método de morir, no le alcanzaban los números, le iban a faltar, pero de todos modos, aunque ahora tuviera que comenzar por 1 A, 2 A, mañana ya no iban a estar más y él podría dormir tranquilo.

PICO BLANCO Y ALAS AZULES

El cuadro estaba allí, perdido entre los papeles.
No guardábamos muchos papeles, a causa de los soldados. Una vez al mes, los soldados venían a revisar
la casa. Esa casa y las vecinas. En otros lugares, próximos o lejanos, también revisaban otras casas. Había que revisar bien toda la ciudad y asegurarse de
que nada extraño se ocultaba en alguna parte (y extraña podía ser cualquier cosa que no le pareciera
natural a un soldado). Cosa rara, la índole de los
objetos. Durante todo ese tiempo de máximos con-
troles, los objetos habían sufrido un proceso de des-
naturalización —de extrañamiento— sólo compara-
ble al proceso de naturalización y hábito que una vez
—allá en la infancia— habíamos realizado para fa-
miliarizarnos con ellos. Pablo descubre un día que
hay pájaros por el aire. Pablo nunca había visto aves
volando; siempre había estado muy ocupado inves-
tigando el suelo, el suelo de la casa y de sus habitaciones, y el suelo del jardín. Los suelos están repletos de cosas insólitas, insospechadas. Con ellas, entró en una relación de poder que consistía en un
repliegue temeroso y un pequeño grito de terror cada
vez que se topaba con algo desconocido y potencial-
mente peligroso, o una sonrisa de satisfacción y un
gesto altivo de dominio cuando lo hallado era débil,
sumiso, pasible de dominación. (Estas dos leyes claras y sencillas parecían regir la dialéctica de todo el
universo.) Escarbaba el suelo todo el día, entre los

gritos de placer y los aullidos de miedo. Dividía bien las zonas a investigar, como un topógrafo trazaba líneas imaginarias, intersecciones de rectas, varias geometrías, y a veces colocaba alguna piedra como mojón, para establecer de manera clara los límites de sus exploraciones. Como los búfalos y los renos, fraccionaba el espacio y respetaba los territorios divididos. Era cuidadoso y concentrado: sus dedos, ágiles y pequeños, se introducían en todos los agujeros de la tierra, recorrían cada cavidad, perseguían cualquier inclinación del terreno. Así pudo averiguar que las hormigas ofrecían una tenaz resistencia a la muerte, que a pesar de recibir golpes y de ser aplastadas por un pie infinitamente mayor, aun así —maltrechas pero llenas de tesón— se incorporaban e intentaban seguir el camino, y ensayó varios procedimientos de tortura que disfrutó con una mezcla de ingenuidad y perversión rigurosamente adultas. Arrancó raíces largas y delgadas llenas de bifurcaciones (a veces las elevó hasta la altura de sus ojos y al comprobar su debilidad las arrojó lejos, con desprecio), investigó por sus propios medios la capacidad de subdivisión y regeneración de las lombrices, cortándolas en menudísimas porciones y siempre se sintió levemente contrariado al verlas volver a moverse, aunque el fenómeno le producía también cierta satisfacción; rompió semillas, recogió hojas, supo que no hay dos verdes iguales en los árboles, juntó flores y tallos, separó el cuerpo de los caracoles de su concha protectora y conoció muchos animales pequeños. Un día, mientras procuraba destrozar un hormiguero introduciendo en su cavidad una vara larga y seca, escuchó un rumor en los aires, más arriba, mucho más arriba de su cabeza, elevó los ojos y descubrió que algo iba por el espacio, algo se movía de un lado a otro sin fijar los pies en el suelo, algo, una figura oscura y veloz, iba y venía, sin apoyarse. Primero emitió un grito de desconcierto, y sin darse cuenta, arrojó lejos la vara seca que tenía en la mano, luego, sin quitar los ojos de la extraña forma que iba por el aire sin apoyarse, emprendió veloz carrera hacia el interior de la casa. El lenguaje del que disponía en ese momento de su vida no era lo suficientemente amplio, ni rico, ni variado, ni completo como para exteriorizar de una manera inmediata, convincente y maravillosa aquel extraño fenómeno que había visto, aquella espléndida aparición de algo que se movía por los aires sin apoyarse. (En el futuro tampoco lo sería, pero en cambio, por un conocido proceso de resignación y acatamiento, cada vez experimentaría con menos intensidad la diferencia que va de la cosa a los signos que la representan.) De modo que se valió de todo el aparato de gestos espontáneos y no codificados de que disponía (más algunos inventados en ese momento) para tratar de explicarle a su madre que había descubierto algo realmente extraordinario y bello, digno de ser contemplado por ella, por su padre y todo ser viviente. Gesticuló, balbuceó, inventó sonidos, gritó, ululó, jaló, graznó, croó, asió el vestido de su madre por el borde y decidió que la única manera de comunicar aquello era mostrándolo, conduciendo a su madre personalmente ante aquella maravilla; un solo gesto —alzar el brazo e indicar la figura que se deslizaba por los aires con naturalidad, sin esfuerzo— alcanzaría para que ella lo entendiera todo y pudiera compartir su asombro. Asiendo a la madre por la punta del vestido la llevó al jardín. Rápidamente buscó la figura en el aire. Con los ojos ardientes recorrió el espacio, el aire manso del jardín. Todo estaba quieto. Las hojas, majestuosamente sostenidas por sus tallos, apenas se movían, y su balanceo era tan lento, tan dulce y sosegado que se parecía más a la quietud que al movimiento. Aun las flores más grandes, las que por su peso se inclinaban, lo hacían levemente, sin sacudir el aire alrededor. Las nubes, solemnes y plácidas, dormían la siesta. Los árboles también parecían descansar. Y en el espacio, alto, todo estaba inmóvil. Buscó en el aire, ansioso, pero el aire era transparente. Entonces se echó a llorar, y entre gestos y signos desesperados, intentó explicar lo que había visto hacía sólo unos instantes y ahora había desaparecido. Estaba completamente seguro de que un momento antes algo se movía en el espacio, por su propia cuenta, libre e independiente. Algo que tenía un aspecto, una forma, un color y, especialmente, una movilidad. Algo distinto a las plantas, a la tierra, al agua, al fuego, pero que bien mirado, tenía una parte de todo ello, siendo, sin embargo, mucho más que la suma de esos elementos.

—Pablo —dijo la madre—, has visto un pájaro. Pá-ja-ro. Pájaro. P-á-j-a-r-o —explicó ella, y su sorpresa no fue tan grande como él había esperado.

Inmediatamente, mientras procuraba retener la palabra y la repetía en alta voz, ensayando modulaciones y sonidos, dedujo que aquello que no causaba gran sorpresa a su madre debía ser entonces algo bastante común, y que el mundo —aquella *cosa* que empezaba todos los días más allá de los límites conocidos de la casa, aquello que empezaba *especialmente* en la calle, detrás de la verja—, estaría lleno de pájaros. Y alzarse en el aire y trasladarse por él sin necesidad de apoyarse se llamaba volar, una cosa que podían hacer los pájaros, pero él no, no por más que lo intentara. Andar por el espacio, suspendido, girar, tener alas y usarlas se llamaba volar. Se podía —según investigó— volar hacia un lado y hacia otro, volver, elegir cualquier dirección. Más difícil era obtener una información precisa acerca de hasta qué altura se podía volar. ¿Hasta las nubes? Sí. ¿Más allá de las nubes? Sí. ¿Qué había más allá de las nubes? Una cosa indeterminada llamada atmósfera. Por encima de la atmósfera todo se ponía más confuso, era dificilísimo pensar en ello aunque no imaginarlo. ¿Aire vacío? Sí. ¿Hasta las estrellas? No, ningún pájaro volaba hasta las estrellas. Asimiló rápidamente todos estos conocimientos y calculó que lo mejor sería tener alguna vez un pájaro a mano para investigarlo bien. Entonces lo maravilloso dejaría de serlo en virtud del conocimiento y de la frecuencia, con lo cual él se sentiría más seguro en el mundo, aunque perdiera, eso sí, la emoción de la sorpresa.

«Él ha comprendido oscuramente que el placer de la dominación y de vencer proporciona una clase de gratificación. Con seguridad preferible al éxtasis del descubrimiento, por lo menos para una gran mayoría.» Era difícil ser madre. Y era especialmente duro comprobar hasta qué punto el uso, la costumbre, la frecuentación, el conocimiento superficial de las cosas adquirido mediante experiencias rápidas y pobres, había suplantado a la emoción, a la verdadera curiosidad, al deseo de conocimiento y al goce. «He aceptado la existencia de los pájaros como un fenómeno natural, desprovisto de sorpresa y de alegría. Quizá, a la misma edad que él, en el mismo momento de la vida. Una vez que acepté su existencia, perdí interés por ellos. De modo que las cosas que puedo saber y transmitir sobre los pájaros son superficiales, probablemente equívocas y sujetas a error, pero suficientemente informativas, a un nivel de conocimiento mediocre, como para que cualquiera pierda el interés por ellos.» Así sucedía con todo. Con las flores, los peces, las piedras, el agua, las mareas, las calles, las ciudades y la vida misma. Una serie de informaciones superfluas, proporcionadas por los sentidos y por el conocimiento arcano y externo, alcanzaban para emitir unos pocos juicios seguramente inexactos, pero que proporcionaban una clase de confianza y de seguridad con la que se estaba mejor en el mundo, se evitaba la inquietud. No de diferente manera procedían los soldados, se dijo, y esta asociación la llenó de angustia. Ellos también registraban el mundo, como su hijo, ellos también revisaban milímetro a milímetro la superficie asignada, el territorio dividido y repartido, y todo marchaba bien mientras lo que encontraban eran objetos y cosas conocidas, todo marchaba bien mientras no descubrían el pájaro volando por el aire. Ellos se sentían seguros, firmes y protegidos siempre y cuando un ave no interrumpiera la quietud del espacio. Y sus informaciones eran precarias y torpes, llenas de equívocos, su conocimiento de las cosas era mediocre, superficial y escaso, pero les bastaba para actuar de manera implacable. Como a su hijo le había sido suficiente conocer el nombre del objeto volador y clasificarlo dentro de una categoría o especie conocida («es una clase de animal, hijo») y saber que los hay de diferentes colores pero todos vuelan, a los soldados les alcanzaba un par de géneros, media docena de datos falsos y plagados de errores para juzgar, actuar, para sentirse seguros de lo que hacían y establecer un orden. Acaso bastaba con saber que los pájaros eran aves, tenían alas, pico, construían nidos en los árboles, pertenecían al género de las aves y su plumaje era de diferentes colores. El soldado no iba a preguntar, por ejemplo, de qué sustancia estaban hechas las plumas, ni si solían morir en otoño o en estío; no preguntaría por su manera de respirar, ni por las características de su circulación sanguínea. Nadie sabía acaso —por lo menos nadie de la gente que ella conocía— cuántos kilómetros había recorrido un pájaro, en su vida, antes de morir. Ni con qué frecuencia hacían el amor.

El proceso empezaba en la infancia. El asombro

con que se descubría por primera vez el fuego, el mar, las nubes, un pez, los dedos de las manos, el ladrido del perro, la aparición de las flores, un estornudo y el dolor de una quemadura, era rápidamente asimilado; la computadora se ponía a registrar y la segunda llama, la nube de forma alargada, el pez rojo, la amapola y las manchas en la piel del tigre eran velozmente identificados; con un poco más de tiempo, el niño que sonreía ante la proximidad de la ola o se asustaba con el rumor del viento era un individuo que jamás veía una flor, pasaba con indiferencia delante de una hoguera y espantaba a los perros con la amenaza de un golpe. «No puedo recordar si siempre lo beso antes de salir o sólo me acerco y le digo: Hasta luego, querido.» Uno se iba familiarizando con los seres y las cosas, con los objetos, hasta vivir en una vaga atmósfera indefinida de presencias conocidas y contornos poco nítidos; si un elemento, si un solo elemento fuera desprendido del conjunto y desapareciera, ¿alguien lo advertiría? Con los soldados fue diferente. Desde que los soldados habían ocupado el país, seguramente investidos de una misión salvadora y de redención que les habían inculcado en los cuarteles, luego de largos ejercicios de obediencia, obcecación y crueldad, hubo que invertir el proceso. Hubo que tratar de deshabituarse a los objetos, desacostumbrarse a ellos, para poder apreciar —con mirada de censor— sus virtudes y sus defectos, pero, especialmente, para saber si eran peligrosos o no según una particular concepción de la seguridad del Estado. Hubo que mirar el libro, los cuchillos y las cartas del primo desde otro ángulo. Esto hizo que la realidad se modificara sustancialmente.

—Querida —decía su esposo, por ejemplo—, creo que en algún cajón del escritorio conservo todavía una vieja navaja de afeitar. Deberíamos echarla por el incinerador; en cualquier momento aparecen los soldados y quién sabe qué pensarán de ella.

La navaja de afeitar, los Evangelios, las cartas de amigos emigrados y las partituras de música, susceptibles de ser consideradas un lenguaje criptográfico, un medio clandestino de comunicación. Durante días y días tuvo que revisar el contenido de las habitaciones bajo ojos nuevos, estudiando cada objeto, examinándolo desde un ángulo distinto, no el habitual, no el que los envolvía con su particular aura de nostalgia y de afecto, sino otro, aquel con que los guardianes del orden los mirarían. Las cosas que descubrió durante esa tarea estaban llenas de ambigüedad. La fotografía de una amiga, antigua compañera de la universidad, amarillenta y como virada al sepia, se desprendía de su vestido, de los libros conocidos que sostenía en la mano —un tratado de urbanismo, creía recordar, y una antología de poemas modernistas—, se desprendía del recuerdo de los días de playa y de su preferencia por las flores lilas y se convertía en otra cosa, en algo desprovisto de recuerdos en común y de paseos por las plazas; era inquietante que en la foto no pudieran leerse los títulos de los libros, resultaría sospechoso que tantas veces caminaran juntas por los parques y el sepia se volvía un disfraz de identidad. Pero también la presencia de los soldados —al principio sorpresiva e irritante, provocadora de violentas emociones internas, de arrebatos de cólera y de miedo— se había convertido en un hecho familiar, por reiterado, y natural, por repetido. Era normal en sus vidas, estaba previsto, tanto como al principio había sido insólito y detestable. A tal punto que ya no producía casi ninguna emoción. Cuando aparecían, protegidos por sus cascos y sus escudos, cargados de armas —excedentes de alguna guerra lejana y sombría— sólo se preocupaba por la suerte de las plantas del jardín y de los muebles. Pero aun así, todo se resolvía volviendo a plantar la azalea marchitada por las botas o encolando las hojas y los lomos de los libros desmembrados con desprecio.

—Si van a remover la tierra del jardín, por favor, procuren no estropear las raíces de los rosales —les decía, o—: Yo misma me subiré a la escalera para mostrarles los tomos de la enciclopedia.

Y los soldados entraban sin cuidarse del jardín ni de las alfombras, buscando el pájaro que podía volar por vez primera en aquella casa. «Él se criará viéndolos entrar y salir, crecerá pensando que son una presencia fastidiosa pero inevitable, como la visita al dentista o a la tía enferma, y quedará muy asombrado si alguna vez se entera de que no siempre fue así, que podía haber sido de otra manera, que seguramente lo es en otras partes y lo será un día.»

La primera vez que los vio, irrumpiendo estrepitosamente en medio del jardín, haciendo sonar las sirenas, con sus armas largas apuntando hacia la puerta de entrada, se echó a llorar, asustado, y corrió a esconderse detrás del sofá de felpa verde. Allí oculto, su llanto era tenue y temeroso, como el de un cordero. Muchas horas después, cuando se fueron, tampoco se animaba a salir, y cuando lo hizo, fue dando pasos cortos y leves, con temor de apoyarse en un suelo donde los objetos navegaban, como luego de un naufragio, quebrados e incompletos.

Y la primera vez que sometieron a un hombre al potro, también hubo sorpresa y confusión, alguno tuvo dolor de estómago, otro vomitó, pero el tiempo había transcurrido, todos pasaron por el potro y ahora, cuando un corazón fallaba o alguien moría desangrado, otro ocupaba su lugar en la celda, esperaba su turno.

—Me gustaría saber por qué *él* tiene alas y yo no

—dijo Pablo, sin embargo. Durante un tiempo (ella lo sabía bien) *él* sería el pájaro visto un instante en el aire. La competencia había comenzado.

¿Hacían el amor una vez por semana o acaso una vez cada quince días o cada veinte? Era difícil saberlo. Como no podía recordar con exactitud —ahora que su marido no estaba— si tenía o no bigote. Indudablemente, eso se debía a que a veces se dejaba crecer el bigote y un día, sin aviso, se lo cortaba, y esto podía cambiar en el plazo de un mes. Pero en este exactísimo momento no podía decir si la última vez que lo vio —esa mañana, a las ocho, durante el desayuno— él tenía o no bigote.

Y el cuadro —la pequeña reproducción— estaba allí, entre los papeles. Como hacía mucho tiempo que no lo miraba, al encontrarlo sintió una emoción parecida a la del descubrimiento, como si ésa fuera, entonces, la primera vez que lo veía.

Pablo no quería saber nada de otros pájaros. Le mostraron un canario, un estornino, una alondra y un azulejo, pero insistió en que no se trataba del mismo.

—Ése no es *el pájaro* —dijo, en cada caso.

Extrajo la pequeña reproducción de entre los papeles y la separó. No había indicación de autor ni de fecha. Sin embargo, una vez, ella supo de quién era, y cuándo fue pintado.

—¿Qué tenía de particular ese pájaro? —preguntó finalmente el padre, algo fastidiado. Había perdido muchos papeles en las requisas. Textos y fragmentos que seguramente ya nunca recuperaría. Y si acaso alguna vez —porque nada era eterno, aunque a veces una situación o una circunstancia se eternizaran en virtud de lo efímero de una vida— alguien se los devolvía (quizá cortésmente; quizá —dentro de muchos años— pidiendo excusas y diciéndole: «Compréndanos, eran otros tiempos, ahora las cosas han cambiado»), seguramente ya no servirían de nada, de nada salvo de testimonio personal, huella de un pasado fastidioso; acaso, entonces, para lo único que sirvieran fuera para atestiguar su vejez.

Él no supo qué contestar.

Lo esperó con gran ansiedad, teniendo la reproducción muy cerca, al alcance de la mano. Pablo jugaba en el jardín, y de vez en cuando levantaba la cabeza, como esperando encontrar al pájaro volando silenciosamente por los aires.

—Dile que venga —le había pedido a su madre.

—Imposible. No sé dónde está —contestó ella, acariciándole con ternura la cabeza.

¿Dónde podían estar los pájaros? Eso le hubiera gustado saber. Dónde estaban los pájaros cuando no andaban volando por los aires.

—¿Como cuántos pájaros hay en el mundo? —preguntó.

—¿Ochenta te parecen suficientes? —le contestó el padre, que no sabía si intervenir o no en el relato que estaba escribiendo.

«En el futuro, si alguien lee estas páginas —escribía— y piensa que al no intervenir he traicionado alguna causa sin lugar a dudas justa, sépase que ha sido la fuerza de las circunstancias —y no un prejuicio literario— quien me ha conducido a hacerlo.»

Él no tenía la menor idea de cuántos podían ser ochenta; sabía contar hasta seis, y eso teniendo en cuenta que, en general, no llegaba a explicarse bien por qué el cuatro venía después del tres.

—¿Por qué viene después del tres?

—Porque es uno más —contestó su madre, con convicción.

A él no le pareció una razón suficiente. Podía representar uno más y de todos modos el cuatro ser el tres y el tres ser el cuatro. Y ese lector futuro, eventual, ¿podría representarse acabadamente esas circunstancias? ¿Alcanzaría a comprenderlo? Sobre estas cosas, nadie sabía mucho, según su impresión. De todos modos, dedujo que ochenta debía ser más que cuatro, que venía después del tres porque era uno más. Imaginó todo el aire lleno de pájaros, el mundo completamente habitado por pájaros, más allá de las nubes. Seguramente era allí donde estaban cuando nadie podía irlos a buscar; estarían detrás de las nubes. Con un avión tal vez fuera posible alcanzarlos, ver a los ochenta todos juntos, pero sin avión, no.

De modo que su próximo anuncio, intempestivo, fue:

—Quiero un avión de verdad.

Su padre elevó la cabeza —había suspendido el relato para quitarse una pequeña piedra que había penetrado por un agujero de la suela de su zapato derecho y estaba calculando si con el sueldo del mes podría comprarse un par nuevo, sin dejar por ello de pagar el alquiler, la luz y el agua— y lo miró con severidad.

—A mí, en cambio, me gustaría poder comprarme un par de zapatos y comer al mismo tiempo —comentó, de mal tono.

Oyó un ruido y miró rápidamente por la ventana: a lo mejor al pájaro se le ocurriría volver. ¿Sabría reconocer el lugar? Su madre, cada vez que él se alejaba un poco, en la calle, le decía: «Querido, no te vayas, podrías perderte.» A él le costó un poco entender el significado de esa palabra, hasta que un día se le perdió, en el camino de regreso a casa, su oso preferido. Los tres habían salido a caminar: su madre, el oso y él. Pero sólo volvieron la madre y él. Algo había sucedido con el oso por el camino. Lloró mucho y su madre retrocedió, desandando, pero no pudo encontrarlo. «Se ha perdido», comentó la madre. Y él sólo después, mucho después, preguntó, sorpresivamente:

—¿Adónde van las cosas que se pierden?

—Por ahí, Pablo, por ahí —le respondió ella. *Ahí* no era un lugar preciso, ni siempre el mismo. Ahí podía ser muy cerquita de él, cuando le decía: «Sal de ahí», y él tenía que entender que ahí estaba próximo. Pero a veces ahí estaba más lejos. Ahí era el jardín, la calle, el fuego, el mar, la cama o el sofá, o no era nada de eso. El oso se había ido a un ahí cualquiera, dedujo, y por eso estaba perdido.

El pájaro también se había perdido por ahí, pero a lo mejor en cualquier momento volvía. Tendría que estar atento.

Lo esperó con la reproducción al alcance de la mano y un poco excitada. Eran las dos de la tarde, y él debía llegar a esa hora —a esa hora y no a otra— y se sentaría a la mesa, junto al niño y a ella, y almorzarían veloz y frugalmente, porque él tenía que volver a salir otra vez y a ella le esperaba una larga sesión de quehaceres domésticos.

Él entró cansado, como siempre, y pensando si alguna vez, dentro de muchos años, alguien se inclinaría sobre un texto a buscar la explicación de esos tiempos oscuros, y si acaso, para entonces, algún texto habría sobrevivido en la clandestinidad y el peligro. Lo besó en la mejilla, cerca del bigote. «Tiene otra vez bigote. ¿Cómo no me había dado cuenta?», pensó. En cambio, no estaba muy segura si lo tenía desde hacía meses o era reciente. Inmediatamente, le alcanzó la reproducción. La depositó en sus manos, como un regalo. Como un maravilloso presente que hubiera comprado para halagarlo.

Él tomó la reproducción entre sus manos y la observó. Filamentos y cilias, nudos de hierba y membranas cartilaginosas, la caligrafía de las cosas que estaban dentro de la tierra y en el interior de uno. Hay ahondamientos así, pensó. Penetraciones en la entraña geológica y en el pensamiento visceral. Se la devolvió y dijo:

—Será mejor que lo quemes. No me gustaría que en el próximo registro, alguien lo encontrara. Les resultaría insólito.

En algún lugar, una vez, un hombre, lo había hecho. Un lugar y un hombre que olvidaron. Era penoso saber que lo habían olvidado. Disecciones de la memoria, hábil para adaptarse a las nuevas situaciones.

—Me gustaría conservarlo —dijo ella, con humildad—. De todos modos, estaba en la casa y no lo sabíamos. Podemos fingir que no lo hemos hallado nunca y continuar viviendo de la misma manera.

—No podemos —dijo él, sombrío—. Tengo demasiados problemas como para, además, estar preocupado por si lo encuentran.

—Es inofensivo —lo defendió ella.

—No estoy seguro —contestó él—. No sé a quién pertenece. No estoy seguro de lo que significa —«Empero», pensó, «no hay ninguna participación visible»—. El tipo que lo hizo no sé si ha muerto, si ha huido, si vive todavía y qué hace. No sé qué quiso simbolizar. No sé si debajo de la superficie, no hay otra lectura posible de las formas y de los colores.

(¿Alguien, en el futuro, sabría leer detrás de las apariencias la lectura subyacente? ¿O quedaría todo como un jeroglífico?)

Pablo entró presuroso y agitado: había descubierto un sapo en el jardín.

—No, no vuela —le explicó la madre, tratando de calmar su excitación—. ¿No ves que no tiene alas?

De modo que sólo volaban las cosas que tenían alas. No estaba muy seguro. Las cosas que intentaban volar sin tener alas, ésas caían. Por ejemplo, las manzanas del árbol. Pero las pulgas volaban sin tener alas y no se caían. «No vuelan —explicó la madre—: saltan.» Resumiendo: se podía saltar y ésa era una cosa que hasta él mismo sabía hacer; se podía volar, siempre que se tuvieran alas y se podía ver volar y ver saltar sin hacerlo. Tendría que aprendérselo bien, para no equivocarse la próxima vez.

—No me siento capaz de quemarlo —confesó ella, sin mirarlo. Él suspiró. Había demasiadas cosas que hacer en la vida que uno no deseaba y más bien le repugnaba hacer. Ésta parecía otra, más repugnante aún, aunque se había adaptado a la sordera y a la ceguera cotidianas, aunque estaba acostumbrado a los registros y a la obediencia.

—Quémalo —dijo, sordamente.

¿Dónde estaría aquel hombre? El hombre que una vez lo había pintado, en este u otro lugar, hacía cinco o veinte años. Le hubiera gustado conversar con él, cambiar algunas palabras. Hablar de las cosas inconfesables y de las fidelidades más antiguas.

Se dirigió a la cocina y buscó la caja de cerillas. Era una caja grande, con un oficial dibujado. Debajo tenía una leyenda que nadie leía, por saberla de memoria. Pensó que el día que pudieran imprimir las cajas de cerillas con otro dibujo y otra leyenda (o simplemente: sin leyenda), una flor, una manzana, o sólo un color o una forma, iban a experimentar una gran alegría. Con el tiempo, esa alegría se perdería, pero quería conocerla, aun sabiendo que sería pasajera.

Encendió un fósforo y lo sostuvo largamente en la mano. Luego lo acercó a un papel blanco que estaba sobre la mesa de la cocina y deslizó la pequeña reproducción en su cintura, debajo de la blusa. Su marido miraba melancólicamente la suela rota de su zapato.

—Ya está. Ya lo he hecho. Pero no me lo recuerdes jamás —le dijo.

Él levantó la cabeza y la miró con una expresión que quería ser animosa y compensatoria.

—No te preocupes, querida —comentó—. Es que debemos tomar todas las precauciones necesarias, o bien, ninguna. Como hemos optado por lo primero, tenemos que ser consecuentes.

Pablo irrumpió otra vez, ahora lleno de entusiasmo. Estaba tan excitado que sólo podía balbucear, de modo que no tuvo más remedio que correr detrás suyo hacia el jardín. En el aire, a la altura de los árboles, volaba un gran pájaro azul. Pablo lo señalaba con la mano, y ella comprendió que esta vez, sí, se trataba de *el pájaro*.

ESTATE VIOLENTA

Julio miró a Ana y pensó en el tigre. El tigre elástico, parsimonioso, indiferente a cualquier halago —salvo al de la comida— paseándose majestuosamente por la superficie de una celda aburrida. Con algo digno y noble en el andar, como las matronas romanas, que bajo los techos tutelares y patricios, guardaban los secretos de las orgías familiares y de los lechos incestuosos. Los discretos parlantes del café comenzaron a pasar la música de *Estate violenta*, y sintió un tibio regocijo interior. Delante de Ana, en el bar armonioso lleno de plantas y de madera, la música de Verano Violento era un mensaje secreto e íntimo, una clave que alguien le proporcionaba, porque era casi seguro que Ana no había visto el film ni escuchado nunca esa música, pero él había llegado a la edad en que los placeres más delicados no necesitan compartirse, sólo exigen un espectador cualquiera, no inevitablemente cómplice. No era una edad precisa, sino un estado de ánimo. Tampoco era un estado de ánimo, era una disposición interior; en algún momento de la vida se perdía la imperiosa necesidad de transmitir y de compartir para experimentar sólo el deseo de tener un espectador, un testigo si no atento, por lo menos ecuánime. Ana no era un testigo atento. Desde hacía un rato, por ejemplo, estaba excitada por la visión del tigre. Como si las brillantes rayas de la cara del animal la hubieran colocado delante de una revelación cuyo misterio

93

aún la deslumbraba. Como si la mirada que le dirigió —y en eso Ana no se equivocaba: el tigre la había mirado inquieta y turbadoramente, cuyos ojos
color miel la enfocaron como una lente audaz y pro-
vocativa (en vano intentó explicarle —y explicarse—
que la mirada del tigre no debía distinguir, del mundo circundante, más que colores sin forma definida,
bultos grises y negros, blancos móviles para su oscuro instinto de cazador) —en medio del zoológico,
entre los barrotes renegridos de su jaula, fuera un
mensaje inquieto y lascivo. «Ese tigre», se limitó a
comentar ella, turbada, casi con miedo. Como si la
tensión muscular debajo de la piel del tigre la hubiera estremecido, remoto tambor africano. Como si
hubiera estado toda la noche resonando. Como si su
andar —esa elegancia un poco displicente— le trans-
mitiera una clave que había que incorporar a la vida.
No: como si ella debiera incorporarse a la vida de la
jaula o incorporar el paso del tigre —ese andar elástico y provocativo— a su vida. La mirada del tigre
en el zoológico (detectó a Ana entre la confusa aglomeración, entre la muchedumbre gris y negra, como
si ella poseyera otro color, como si fuera el único
rojo entre todos los blancos, o el único amarillo entre todos los verdes, como si fuera la única hembra
de tigre entre las hembras, como si fuera la única
dotada del perfume del celo, la única —entre los
múltiples y diversos visitantes del zoo en la mañana
dominical— capaz de sustraerlo del monótono recorrido de la celda, tránsito rutinario y despreciable)
le proporcionó la oportunidad de hablar —para dis-
traerla— de acoplamientos maravillosos: Pasifae y
el toro, Leda temblorosa bajo el peso del cisne. Le
contó cómo la imagen de Leda desnuda, al borde del
lago, maravillosamente inerme, deslumbradoramen-
te vencida, trémula entre las alas blancas, su delicado cuello torneado por el cuello largo del cisne, Leda

indefensa y engañada, poseída en un rapto de plumas y el peso rosado de la carne del animal —la carne bajo el envoltorio espumoso y alado—, fascinó su imaginación infantil, hace muchos años, y propició sus primeras fantasías masturbatorias. (Le agradeció, de paso, su silencio algo distraído, que evitó las alusiones más o menos psicoanalíticas al posible sadomasoquismo de la imagen o a una cultura —no muy diferente a la nuestra— que transformaba a las mujeres en objetos y al deseo en un animal, aunque se tratara del leve cisne, el menos animal de todos los animales, una categoría o especie desconocida, quizá una forma de la espuma, un elemento de la naturaleza diferente a los sólidos, a los líquidos y a los gases; el cisne, materialización del sueño o solamente forma.) El dibujo a pluma de Leda poseída por el cisne, encontrado en un libro de mitología cuando era niño (y conservado a través de los años, ahora amarillento y arrugado, conservado milagrosamente —no, de manera deliberada— a pesar de los viajes, de las alteraciones del tiempo y del espacio) fue una manera de intentar disimular la turbación que él también experimentó cuando vio —en la esfera de sus ojos azules— la mirada miel del animal dirigida intensamente hacia Ana, el movimiento brusco y decidido del cuello del tigre en dirección a Ana, la feroz manera con que rugió —desolador rugido, lamento de saxo y de sexo, grito desgarrador, mugido, vagido, ulular de sirena, queja de quena, como un salteador de caminos, como un animal en ciudad extraña, como un niño extraviado en la noche, bandido herido, mujer abandonada, barco que aúlla en medio de la niebla, hace señales, grito de viudo—, cómo, veloz, lleno de expectativas, en un salto acrobático cruzó el corto espacio de la jaula, devorando el aire, hasta quedar en el justo ángulo donde Ana —entre la fascinación y el espanto— dio el paso atrás necesario para crear otra distancia, que no la intimidó, esta distancia no propiciada por los barrotes sino por el miedo de la mujer que se siente acechada y asediada.

No fue posible ya, esa mañana, mirar a las águilas reales, sus curvas garras, ni contemplar el vuelo sometido de los cóndores, ni las grandes ojeras de los ágiles mapaches. Ana se refugió instintivamente en él, dio un paso hacia atrás, escondió su cara en el pecho del hombre y quiso huir de aquella mirada perturbadora, del rugido doloroso, del salto audaz que la estremeció con el intenso olor del cuerpo del tigre (paja, hierba, carne cruda, huesos triturados, excrementos, el rancio olor a orín y el olor revuelto del semen). Se refugió en él, como si huyendo del macho, buscara la protección de una amiga. Como si sus brazos fueran los de un padre (por la edad, quizá, podría serlo), como si sus ojos, su cuello, sus movimientos y su andar, no fueran los de un macho, sino los de un mutante asexuado. Y él la condujo a través de la galería de senderos del zoo, la llevó por la sabana, bordearon los canteros plantados y las fuentes de piedra, buscó con ella del brazo la salida, no sin antes volverse, no sin antes volverse y comprobar que a la distancia la mirada del tigre —fija en ella como en un astro que lentamente se desvanece, fija en ella como en una figura que se va perdiendo en el lente— se tornaba melancólica y desesperada, la mirada de alguien que regresa a su soledad luego de un instante de dicha, la mirada de un huérfano recluido, de alguien que contempla remotamente, sin poseer.

A la salida del zoo, la invitó a sentarse en los bancos de piedra blanca, sin pulir, sobre el césped recién regado y recortado, tan prolijo, tan fresco, que parecía un tapiz. Ella rechazó cualquier ofrecimiento que no la alejara —una lejanía en el espacio que resultaba sospechosa— del recuerdo del rugido, del recuerdo de la mirada. O quizá, de la mirada que atravesaba los canteros plantados y las fuentes que destilaban su agua ingenua, del rugido cuyos ecos recorrían —apenas diluidos— el césped regado y podado, los acantilados de roca, las veredas llenas de niños y de padres endomingados.

Mucho más lejos, fueron a tomar una taza de café a un bar casi elegante, junto a una plaza; un bar lleno de plantas y de madera, cuya calidez creaba una atmósfera discreta e íntima, que Ana no parecía apreciar, excitada todavía por el tigre, o por el recuerdo del tigre, o por las cosas que el tigre había despertado en ella y su rugido en celo. Intentó hablarle de otros temas, convencido de que a la noche, entre un grupo de amigos, el episodio podía convertirse en una anécdota divertida, que propiciaría algunas conversaciones ingeniosas, vagamente científicas o eróticas, con datos curiosos acerca del comportamiento de los animales en determinadas ocasiones. Alguien citaría el caso de un perro enamorado de su dueña o el de un gato fascinado por una niña. Hasta es posible —dependería de la imaginación de los asistentes— que se hablara de dinosaurios y de hipopótamos.

Pero esa noche, Ana insistió en quedarse sola en su apartamento, rechazó las invitaciones al cine, a cenar o los dos o tres temas de conversación que él oficiosamente le propuso. La distancia entre el tigre y ella, cuando dio el paso hacia atrás, y se refugió en sus brazos, no era menor de la que ahora estaba dispuesta a establecer entre los dos, hundida en el silencio de su apartamento, sumida en meditaciones que no comunicaba. En realidad, la distancia entre ambos era una suerte de espacio variable, que disminuía o aumentaba según los estados de ánimo de Ana. A veces dependía de una palabra a tiempo, pero que él había pronunciado al azar, sin descubrir nunca cuál había sido su oportunidad. A veces dependía, en cambio, de un silencio frío y transparente, un cristal entre los dos; contemplarse en ese espejo parecía una tarea que ella consideraba muy atractiva. Como siempre (como si el paso de los años no afectara para nada esta comprobación realizada hacía mucho tiempo, en la época de la juventud), él reconocía su tendencia a quedar atrapado en la irracionalidad de una conducta, seducido por mecanismos que no alcanzaba a analizar a través de la razón, y era lo suficientemente viejo como para gozar —sin escrúpulos— del dominio de las emociones sobre la lógica. Ana se alejaba o se acercaba a él según tensiones o impulsos que había que aceptar sin someter a ningún análisis, como se aceptan las lluvias, las tormentas, los eclipses y los días de sol. Y aunque la explicación —nunca suficiente— del ciclo de las lluvias podía estar llena de encanto o la previsión de un eclipse prepararnos mejor para contemplarlo, prefería someterse al ritmo de sus emociones como respeta un marino la sucesión de las mareas, la interrelación de las corrientes, como un explorador acepta la silenciosa participación del azar en su aventura. Y como un discreto homenaje a sus preocupaciones, pero como una secreta advertencia —también— para ubicar el asunto en sus justos términos, al otro día le regaló un libro sobre la conducta y el comportamiento de los tigres. No le fue fácil encontrar el libro, ni estaba seguro de que proporcionara algún tipo de conocimiento capaz de eliminar la excitación de Ana, su obsesión, pero pensó que era una manera de demostrarle que otra vez —lejos de la jaula, y dispuesto a recogerla— él participaba de su inquietud. No se sorprendió, tampoco, cuando descubrió que esa misma mañana ella había tenido tiempo de recorrer librerías y museos y adquirir el escaso material que sobre el tema había encontrado. Le habló vagamente de la Biblioteca de Londres, donde sin lugar a dudas podría encontrar más información, pero ella ni siquiera sonrió ante la velada ironía. Estaba distante y como concentrada con todas sus energías en la elucidación de un difícil teorema. Por su parte, prefirió meterse toda la tarde en un cine y volver a ver films que ya había visto media docena de veces. En la soledad de la sala, mientras miraba distraídamente la pantalla, volvió a sentir que el único placer de la vejez consiste en la memoria, esa suerte de distancia que nos permite recuperar sólo una ínfima parte de las cosas que creímos eternamente vivas.

Ana miró las aplastadas figuras de los tigres en las láminas de los libros. Había fotografías de tigres, tigres en color y tigres en blanco y negro. Había dibujos de tigres, tigres de perfil, tigres de frente, y hasta encontró un croquis de un tigre por adentro. En todas las fotografías, en todas las láminas, los tigres tenían muchas cosas en común, a tal punto que era difícil distinguir uno de otro. Al principio, es cierto, todos los tigres parecían ser uno solo, idéntico, repetido cuantas veces se quisiera. Pero una vez que los ojos se habituaban, comenzaban a aparecer las diferencias que los distinguían, que permitían distinguir a uno de otro, no confundirlos más. Por ejemplo, el dibujo de las manchas de la cara. Y el color. Aunque las manchas sólo eran negras, blancas o color habano, había muchos matices entre un habano y otro. Las manchas componían dibujos diversos. Casi siempre eran no figurativos, pero en las láminas que tenía a su disposición, descubrió el mapa de Islandia, una pequeña carretera en Suiza, un árbol muy bello que había visto una vez, en un parque, y uno de sus pasteles favoritos, cuando era niña. Descubrir la intención, el dibujo de la mancha le pareció una tarea fascinante. Había ríos y arroyos que seguir, que explorar, partiendo del cauce hasta su desembocadura. Y muchos estrechos llenos de plantas y de algas. De pronto la cara de un tigre se convertía en un mapa fascinante, lleno de revelaciones que atravesaban sin dificultad el tiempo y el espacio. Un mundo más misterioso, más oscuro, que palpitaba secretamente, era el de los ojos del tigre. Miradas indescifrables, lejanías, remotísimas contemplaciones, el fondo de una especie, el erial de los siglos, un texto jeroglífico cuya interpretación se nos vedaba, como una condena por algo que hemos destruido o amado mal. Pero entre todas las miradas de los dibujos, entre todas las miradas de las láminas y fotografías, no encontró *aquella* mirada, aquella que recordaba perfectamente, que aún la estremecía y la llenaba de atracción y de rechazo. Los tigres de los libros miraban distantes, miraban largo o sombrío, miraban sin mirar, resbalando sobre las cosas y los seres con una indiferencia lacónica, pero ninguno *la veía*. Otra cosa que no podía hallar en los libros era la textura de la piel y de la pelambre del tigre. Ni su andar. Aquella piel tensa, pulsada, la flexibilidad de los músculos, la perfecta sincronización de los nervios, la exacta elasticidad de los tendones, no podían fotografiarse, escapaban a la sensibilidad de los lentes, y la pluma no podía recrearlos. Tampoco la textura de la pelambre, la maravillosa armonía de los miles de pelos torneados paralelamente, toda la piel cubierta (¿cuál era el color de la piel del tigre, y su calor, cuál era el color de la piel bajo la alfombra amarilla de pelos, bajo las manchas habanas, bajo los ríos blancos y las flores aterciopeladas? ¿Cuál era la temperatura del cuerpo de un tigre, qué calor irradiaba, cómo lo sentían los dedos al tocarlo? ¿Qué distancia había que recorrer entre la espesura de los pelos alfombrados y la intimidad de la carne?). ¿Cómo era andar en cuatro patas? Se inclinó sobre el suelo del apartamento, apoyó las dos manos en el piso, torneó la espalda e intentó caminar así. En cuatro patas, experimentó un cierto malestar en la columna, pero pronto se acostumbró a él. Levantó la cabeza, sigilosa, y olfateó el aire conocido de la habitación. Olores familiares, nicotina, polvo, el olor del papel de los libros y de la ropa. Mezclados, venían otros olores que antes no hubiera reconocido fácilmente: el de la madera del parquet, el de los enchufes, el de la pintura de las paredes. El olor del zócalo y el olor de las patas de los muebles. La mirada pronto se acostumbró a las cosas que estaban muy cerca del suelo, y que al principio identificó con cierta desconfianza. Las junturas de las placas del parquet en el suelo, la pelusa debajo de los muebles, debajo de las puertas, pequeñas hebras de hilo, los bordes inferiores de las cosas, la oscuridad y el silencio de las patas de los sillones, la calidez de la tela interna del sofá, una hormiga solitaria que merodeaba, como si hubiera perdido el rumbo o las amigas. Intentó caminar en esa posición. La experiencia fue desoladora: sus movimientos carecían de gracia y de elasticidad, era difícil avanzar de una manera armoniosa y sus gestos carecían de cualquier sensualidad, como le denunció su imagen en el espejo. El balanceo de las caderas no correspondía al de los hombros y su cintura carecía de flexibilidad. ¿Alguien podía amarla en esa posición? ¿Alguien reconocería su olor de mujer, en cuatro patas, golpeándose contra los muebles y sin poder elevar mucho la cabeza? Desistió el experimento y por ese día cerró los libros. Se acostó, cansada, y la noche fue muy inquieta. En el sueño donde sumergió los residuos diurnos, había una jaula con un tigre muy largo —quizá algo desproporcionado, tenía las patas cortas— y de color habano,

sin una sola mancha —uniforme, el color del tigre—
que se elevaba, apoyado en sus extremidades, sobre
la pared muy blanca, del lado opuesto al de los barrotes. De pie, con las patas delanteras sobre el
muro, el tigre parecía muy alto. Alto y lánguido, levemente sombrío. En la jaula, no se escuchaba ningún ruido. Sólo la lenta y monótona, la rítmica y
átona respiración del tigre, apoyado contra la pared.
El animal no inspiraba temor, suplicaba, pedía. Entonces ella se acercaba, se aproximaba a él, y comen-
zaba a lamer los pelos de la piel del tigre; primero,
se acercaba cautelosa, y la lengua salía velozmente,
escapaba de la cavidad de la boca como una culebra
de su cueva; la lengua, ágil e independiente, cruzaba
el aire como una saeta y se mezclaba entre los pelos
del animal como desaparece el pico del ave en la
cresta espumosa de las olas; después, la lengua, es-
piralada, daba vueltas, rondaba, zumbaba, converti-
da en hélice giraba, babeaba, humedecía. Pasaba la
lengua apasionadamente por el pecho del animal, que
no se estremecía, que parecía inmutable, indiferente
a su contacto. Y la lengua se estremecía, emocionada, subía, bajaba, ahondaba, horadaba, penetraba
por el bosque de pelos, la maleza, inundaba el bosque, ríos blancos de saliva mojaban la tierra. Algunos de los pelos, mojados, se separaban del resto,
juntándose en pequeños haces de mieses que sobre-
salían. Ella contoneaba la lengua, la pasaba sobre la
pelambre, buscando ávidamente el fondo, el centro,
la raíz de los pelos, allí donde dejaban de serlo para
transformarse en carne. Quería tocar con la punta
ágil y veloz de la lengua —como las aspas de un molino— la piel del animal, conocer su color, su calor,
pero nunca arribaba a esa zona. Parecía muy difícil
llegar a ese centro estremecido. A veces, creía que
el último pelo cedería, dejaría paso a la carne, mostrando su secreto. Pero siempre otro pelo, otros pe-

los aparecían, demorando ese contacto, inquietando su lengua, que no llegaba a despejar completamente toda esa maleza. Tenía la boca llena de pelos —residuos de la actividad de lamer, de sorber, de chupar, de humedecer, de mojar, de profundizar en el bosque mullido— y sin embargo, no llegaba hasta la carne. La ansiedad hacía cada vez más ágiles, más penetrantes, más persistentes los movimientos giratorios de la lengua, como las alas de una hélice ruedan, giran, frenéticamente excitadas por el viento. El aire las conduce como a ella la impulsa el deseo. Gira la lengua, ondula, contonea, sorbe, ahonda, y de pronto, de pronto sólo la punta, el extremo de ese órgano sensible y penetrante toca, roza, entra en contacto con la piel del tigre, con una pequeña porción. En el sueño, siente un estremecimiento convulso. La piel es cálida y tersa, ha podido palpar esa tensión, ha podido pulsar las vibraciones internas de los nervios, ha conocido ese calor. Ese calor, ese color.

Despierta, confundida, y mira alrededor. En la penumbra de la habitación, sólo brillan los números de la esfera del reloj, al lado de la cama, Evita el roce de su cuerpo con la manta peluda. No podría soportarlo. Se pone de pie, desnuda. Sus pies, descalzos, rozan con intimidad la madera del parquet y se estremece. Le gusta apoyar la planta contra esa superficie, sentir —casi imperceptible— el deslizamiento de sus dedos sobre la pátina de cera. En la oscuridad, sus manos buscan las esquinas de los muebles, para reconocer el espacio, para apoyarse. Los dedos, largos y finos, tocan los bordes de una silla, luego la sedosa felpa del sofá, el frío de un vaso con agua. Vuelven, anhelantes, a acariciar la felpa del sofá. Se detienen ahí. Rozan la superficie aterciopelada. Imagina el corto vellón crispado en la caricia. La felpa del sofá es verde, como un suelo sembrado. Y los bordes del sofá, sobresalientes, parecen huesos recubiertos por la piel. Camina, vacilante, en dirección a la sala. Le gusta el silencio de la noche, su paso lento. Y de pronto, de la espesa oscuridad de los muebles, de las paredes en penumbra, de la felpa del sofá que parece un bosque, en la oscuridad de las cosas y de la sala, escucha un rugido hondo y penetrante. Un grito desgarrador e implorante. El rugido ansioso, dolorido, anhelante, de un tigre en acecho.

El cuento que sigue fue escrito en Montevideo, en 1971, dos años antes del golpe militar. Si lo hubiera publicado entonces, habría parecido descabellado, inverosímil. Los compañeros de viaje, además, lo habrían juzgado pesimista.

Los hechos políticos, en mi país y en los países vecinos, han convertido lo que pudo ser exaltada imaginación, fábula delirante, en triste realidad. No es mi culpa.

No he realizado las muchas correcciones que el texto necesita, para que la conciencia y la reflexión no modifiquen —a partir de los hechos conocidos por todos— aquella angustiosa premonición.

No hay ningún orgullo en haber inventado una fábula literaria que luego los militares se encargaron de copiar infamemente. Ni ellos ni yo inventamos nada. Este horror ya existió otras veces.

C. P. R.

Barcelona, 1979

LA REBELIÓN DE LOS NIÑOS

Nos conocimos por casualidad en una exposición de arte, en la planta baja del edificio. La exposición la organizaba el Centro de Expresión Infantil y allí estaban reunidos una serie de objetos experimentales, que habíamos realizado en nuestro tiempo libre o en las horas dedicadas a las tareas manuales, ya que, según las modernas teorías de Psicología Aplicada y de Recuperación por el Trabajo, nada era mejor para nosotros, ovejas descarriadas, que entregarnos de lleno a la tarea de expresarnos a través de la artesanía, la manufactura o el deporte. Para conferirle a todo el asunto un aire de espontaneidad más genuino, no se había hecho una selección previa del material, sino que cada uno de nosotros pudo presentar lo que quiso, sin someterse a ningún requisito previo, salvo a aquellos que rigen para todas las actividades de la república, claro está, y que tienden a defendernos del caos, del desorden, de la subversión disimulados tras apariencias inofensivas, como sucede con el arte, por ejemplo, en que muchas veces, bajo el aspecto de la experimentación o la libertad creadoras, se introduce solapadamente el germen de la destrucción familiar, del aniquilamiento institucional y la corrupción de la sociedad. Todo esto en un cuadro, solamente. Yo había encontrado en el garaje de la casa que ocupa mi familia (no sé si llamarla de esta manera, pero dado que el lenguaje es una convención, o sea, una parcial renuncia a

107

mi soledad, a mi individualidad, no veo inconvenien-
te alguno en llamarla así, porque si la llamara de
otra manera, no convencional —si la llamara, por
ejemplo, goro, apu, bartejo, alquibia o zajo— nadie
me entendería y el invento del lenguaje perdería sentido, porque ya las madres no tendrían qué enseñarle
a sus hijos pequeños, y el día que los padres no sir-
van como intermediarios para que un convenciona-
lismo se transmita generacionalmente, ¿me pueden
decir qué sucederá con las nociones de autoridad,
respeto, propiedad, herencia, cultura y sociedad?)
una silla vieja, a la que quité toda la urdimbre de
paja, conservando solamente el esqueleto de madera.
Permití, con todo, que algunos pedazos de la tela del
forro le colgaran, como pelo viejo, como estigmas de
una vida pasada en el arroyo. Esta frase tan bonita
se la debo a mi familia. El sentido con que la usan
es vulgar, aunque la imagen tenga su belleza. El tipo
que la inventó, hace quién sabe cuántos años, debió
ser un poeta o algo así, esos tipos que tienen intui-
ciones geniales, pero después la sociedad se apropia
de las cosas para su uso convencional y las imágenes
se decoloran, pierden intensidad, efecto, gracia, y
aunque siguen sirviendo para que una cantidad de
monos se comuniquen, ya no es lo mismo. Repetí la
frase varias veces, cerrando los ojos, hasta olvidar
por completo el viejo sentido con que había llegado
hasta mí, y me puse a imaginar a partir de ella. «Pa-
sarse la vida en el arroyo» me sugería fantasías tan
ricas, tan llenas de colores, formas y climas que decidí adoptarla con diversísimos usos. Por ejemplo,
en cuanto te vi, pensé que algo de ese color verde de
tu piel, musgosa, llena de líquenes y de algas, se debía, indudablemente, a que desde nacida habías vivido en el arroyo (un arroyo muy verde, lleno de
sauces y de árboles que dejaban colgar sus ramas
en el agua), en contacto permanente con plantas, pe-

ces, piedras, tierra húmeda, ah y la sinuosidad de las barcas. Ésa también la tenías. Pero en las líneas del cuerpo. En cuanto a los ojos, supe en seguida distinguir su color: se trataba de un tono ultramar, que podía acentuarse o no, según el estado del tiempo: si había nubes negras, si cobrizas, si de plomo, si irisadas, si marea alta o baja. Por momentos se oscurecía, a impulsos de alguna corriente interior morosa, opresiva, o por el contrario, aclaraba, perlándose, cuando la luz te daba en la cabeza, en la frente, sobre los cabellos. Navegar en esas aguas podía ser estremecedor. Soy un buen nadador. Podría practicar, fortalecerme, entrenarme en el agua que tienes en los ojos. La del resto del cuerpo aún no la conozco, pero estoy seguro que la tienes, por esa forma de pez que luces. Peza. Pez mujer. No una sirena: eso sería vulgar. Hundir los remos en el agua aparentemente quieta, morosa, mansa, estacionada que tienes en los ojos. Estoy seguro que tendré que hacer mucha fuerza para hundir los remos. Tanta serenidad solamente puede ser la apariencia de una terrible fortaleza interior, que me tentará, con su gravedad, hacia el fondo del mar, para anclarme allí, varado. Mi bote sería azul, un poco más azul que tus ojos. Y remaré con constancia, con tenacidad, verás, el agua pasará por mis costados, los costados de la barca, a veces parecerá que no progreso, que no me muevo, pero seré eficaz, al final alcanzaré la meta. Todavía no estoy seguro de adónde iré. Al embarcadero, al muelle, a otro país. A los países que tienes escondidos en alguna parte, estoy seguro de averiguarlo. En cuanto te vi lo supe. Tenías esa forma de pez que me seduce tanto. Te habías vestido de una manera particular. Tu manera particular me encantó, desde el principio, y me sentí solidario de ella. El vestido también es un lenguaje, sólo que diferente. En realidad, casi todas las cosas que conozco pueden ser lenguaje, algunos más sutiles, otros más complejos, diferentemente elaborados, lenguajes cuyo ámbito de difusión es pequeño, casi privado, y produce un placer muy especial a quienes comprenden el sentido de sus símbolos, su significado, en fin, múltiples lenguajes que hacen de cada uno de nosotros un descifrador y un elaborador de imágenes.

En la galería, la gente se paseaba entre los objetos. Hacía preguntas. Consultaba el catálogo. Nosotros —los expositores— deambulábamos por los corredores y las salas, vagabundos y aburridos. Había señores venidos de otros lugares, a observar la experiencia. Si consideraban positivo el resultado, seguramente llevarían la idea a sus propios sitios, para que otros Estados, otros niños, otras sociedades, otros opresores, otros oprimidos, copiaran la fórmula. En casi todas las actividades —o sea, en casi todos los lenguajes— las cosas se resuelven por imitación o por invención. El niño pequeño —recuerdo a mi hermano— comienza inventando símbolos, hasta que los opresores lo obligan a aceptar un lenguaje ya confeccionado, que viene en todas las guías y diccionarios, como la ropa de los almacenes. A mí me gustaba recortar las figuras del catálogo del «London-París». El «London-París» tenía varias secciones y mi madre me llevaba, arrastrándome entre los ascensores y la gente. Yo le tenía miedo a los ascensores porque una vez me quedé encerrado en uno de ellos con un negro, era muy pequeño y se trataba del primer negro que veía en mi corta vida. No estaba preparado para esa sorpresa. El «London-París» editaba anualmente un catálogo dividido en secciones, y todavía recuerdo el olor del papel-ilustración donde imprimían los modelos, los precios, los dibujos. Ropa cara e importada, como correspondía a una colonia. Súbditos ingleses, más aluvión emigratorio del continente europeo, señores, una mezcla de razas y de nacionalidades: imposible descubrir, rastrear al indio detrás de tantas navegaciones emprendidas en busca del oro de América. Mi hermano pequeño comenzó diciendo «baal-doa, doa», lo cual fue una espléndida creación de su parte. No necesitaba demasiados fonemas para expresarse, como nos enseñaran posteriormente; le alcanzaba con las cinco vocales y algunas fricativas. Pero como todo oprimido, debió aceptar el lenguaje de los vencedores, y al poco tiempo tuvo que sustituir su «baal-doa, doa» por «papá-mamá», que, para ser francos, como invención —haya sido quien haya sido el inventor— demuestra poca imaginación. Antes de los tres años, mi hermano ya no ejercitaba más su capacidad creadora, había adquirido una buena cantidad de símbolos verbales al uso de la comunidad, que le permitían entender casi todas las cosas que le decían y aun comunicar las suyas sin mayor dificultad. Lo habían integrado.

Tú tenías unas botas negras, de cuero, que te llegaban a la rodilla. Quise entender el lenguaje de tu ropa y tuve alucinaciones varias, un secreto sentimiento de complicidad, un estremecimiento. Desde allí salía la flor de un pantalón lila, oscuro, de una pana muy suave, que más que una pana, parecía una puma. La felina sensualidad de los pumas echados en el parque, sometidos, y aún, lúbricos. La espuma de sus bocas. Un andar sigiloso y lascivo, insinuante, entre el poder y la seducción. La chaqueta era larga, de forma sinuosa, llegaba casi hasta el suelo, y tuve temor de pisarla, de envararme y de envararte allí, para siempre prisioneros de una exposición. Si casi todo es lenguaje, debe ser porque somos unos exhibicionistas de todos los diablos. Vivimos mostrándonos, saliendo de nosotros, tratando de comunicar, de exponer, de transmitir. Pit-piiit-piiiii. Ula-ula-uuuula. Aho, aho-ahoooah. Tarzán de los monos, el barco extraviado en la niebla, el tren en el subterráneo, todo comunica, ella comunica su inquietud, camina por la playa, la malla es pequeña, ¿esconde?, ¿demuestra? No ha podido decidirse entre la insinuante provocación o la aterradora sencillez del desnudo. Todos somos unos condenados provocadores. No pude ver bien el color de tu chaqueta a causa de las luces que iluminaban el objeto que exponías. El que había salido de tus manos como de una entraña pequeña. Con fragmentos de vidrio (un vidrio irisado, metálico, que se parecía tanto al color y a la textura de tu piel) habías construido unos juegos de agua. Con ellos salpicaste a medio mundo y ésa fue la parte mejor de la exposición. Cuando algún señor de edad se acercaba, curioso, interesado, a revisar el mecanismo, la composición de tu juego de agua, y sorpresivamente, sin saber cómo, un chorro de agua bastante turbia le mojaba la cara, el cuello de la camisa, la camisa, la corbata. Nadie se atrevió a enojarse y nosotros (los expositores) nos divertimos mucho. A nadie se le había ocurrido algo tan bueno. Mi silla (el esqueleto de una silla), por ejemplo, era bastante inocente. Es cierto que simulé un tapiz con papel de diarios viejos, pero no producía deseos de sentarse. En realidad, más bien daba ganas de mirarla. Elegí cuidadosamente las partes de los periódicos destinadas a destacarse sobre el esqueleto de madera. Para eso, revisé prolijamente los ejemplares de los diarios de los dos últimos años, en la colección de la Biblioteca Nacional, dado que nuestros tutores nos prohíben archivar información. Confían en el rápido deterioro de la memoria, para lo cual la ayudan impidiéndonos cifrar, certificar nuestros recuerdos documentalmente. Del presente recordaremos sólo aquello que la memoria quiera conservar, pero ella no es libre, se trata también de una memoria oprimida, de una memoria condicionada, tentada a olvidar, una memoria postrada y adormecida, claudicante. Aunque he tratado de mejorar su funcionamiento mediante varios ejercicios, no logré gran resultado. Estoy seguro que si a nadie se le hubiera ocurrido inventar la escritura, gozaríamos de una memoria en mejor estado. Pero con la excusa de la palabra escrita, se ha vuelto tan perezosa que se pasa la mayor parte del tiempo durmiendo o distraída. Y seguramente no recordaré mañana que hoy me he prometido a las dos de la tarde recordar que mañana a las dos de la tarde tengo que recordar lo que hoy he prometido, aunque hoy estoy seguro de que sí lo haré, he dejado pautas por todos lados para ello, he guiado y ayudado a la memoria de mañana con pistas y señales, porque la memoria es como una niña pequeña, hay que sostenerla y ayudarla a andar, hay que ejercitarla y protegerla. Leyendo los diarios viejos me di cuenta de la cantidad impresionante de cosas de las que me había olvidado, durante los días de estos dos años. Cosas tan importantes que pensé no olvidar jamás. Y se trataba solamente de los dos últimos años. ¿Cómo imaginar la cantidad exorbitante de cosas que había podido olvidar desde nacido? Atentados. Catástrofes. Ascensiones presidenciales. Huelgas de mineros. Accidentes aéreos. Guerras. Manifestaciones disueltas por la policía, en uno y otro lado. Bonzos inmolados. De cada mil niños que nacen en el continente, seiscientos cuarenta mueren de enfermedades curables. Bebés nacidos sin cabeza. Astronautas. Concentraciones populares reclamando la paz. Bombas que estallan en el Pacífico, nada más que experimentales. «Accidentes» en las cárceles, a consecuencia de los cuales morían obreros, morían estudiantes, y todo permanecía igual. Guerras declaradas y guerras solapadas. Napalm cayendo del cielo a la tierra a través de los aviones. Concursos internacionales de belleza. Intrigas. Emboscadas, crímenes colectivos, hecatombes, suplicios, martirios, tormentos, prisiones, «confesiones», destierros, procesamientos, violaciones, injusticias, revoluciones, proclamas, discursos, declaraciones, escándalos, sacrificios, abnegaciones. Y muchas, muchísimas competencias deportivas.

Después de seleccionar cuidadosamente el material que me interesaba, recorté varias hojas, llenas de fotografías, y ése fue el papel que usé para tapizar una parte de la silla. Un pedazo de papel, por ejemplo, traía la fotografía de un bebé quemado por el napalm en Vietnam. Se ve que la foto la habían tomado desde muy cerca, con un buen lente de aproximación, y luego la habían ampliado hasta darle un tamaño apropiado para el formato del periódico. A los soldados les gustaba mucho lucir sus triunfos, mostrar sus habilidades. También elegí una vista de una manifestación en Córdoba, en el momento de ser disuelta por la policía. El aire era un hongo de gases y nubes de humo extendían su algodón impregnado sobre los manifestantes que corrían por encima de las víctimas. En otro lugar se veía, enorme, la fotografía de Charles Bronson, con el bigote caído, la pose un tanto felina, el aire de virilidad reconcentrada y muscular que encanta a las mujeres, a las mujeres viejas, se entiende, a las mayores de treinta años. En seguida coloqué, subrayándola con un trazo rojo, la cifra en dólares que gana Alain Delon por cada película en la que interviene. También recorté y pegué en la silla varios discursos de generales y otros tipos que gobiernan los países, señalando con una gruesa línea azul las palabras y las frases que se repetían, como si todos hubieran sido escritos por la misma persona, o copiados de un solo manual. Frases enteras que se repetían. Era muy divertido. Después agregué la imagen de dos mujeres desnudas que se besaban en la boca y se tocaban los senos. En realidad, ésa no era una fotografía de diario. Era una postal pornográfica; se trataba de dos mujeres muy suaves, muy bonitas, tenían unos cuerpos claros y dulces, de líneas tiernas, nada chocante se desprendía de ellas. Seguramente el editor se equivocó; quiso hacer algo que incitara los sentidos y esa imagen, en realidad, incitaba los sentimientos. Con todo, lo más interesante era el asunto de los discursos. Muchos tipos se detuvieron delante de la silla a leerlos. Los términos que se podían hallar en casi todos los discursos aludían en general a conceptos muy vagos y difíciles de precisar, sin entrar en discusiones, tales como «bienestar de la nación», «defensa de las libertades», «salvaguardar los intereses comunes», «protección de las instituciones públicas», «legalidad y orden», «progreso y desarrollo», «en aras de la felicidad de la república», «sacrificio y empeño de las Fuerzas Armadas», «dura lucha contra los enemigos foráneos», «inspiración extranjera», «sano nacionalismo», «honradez y honor militares», «fuerzas oscuras que socavan la nacionalidad» y todo ese tipo de cosas, pero con una prosa de la peor especie, porque es una prosa oficial. El juego de aguas era muy bonito. Me hubiera gustado tener uno así en la terraza de mi casa. Los colores de los vidrios, especialmente. Tú tenías las manos un poco melladas del trabajo en metal. En seguida me di cuenta que eso era muy importante para ti. Recoger materiales diversos, pedazos de madera, de hierro, varillas de vidrio, trozos de cerámica y llevártelo todo a tu casa, para participar después en la tarea de dar forma a las cosas que llevabas en la imaginación. Tenías las manos melladas del trabajo, los dedos. Me explicaste que en tu sección del taller había una turbina, un tubo de oxígeno, un soldador eléctrico, y yo pude pensar bien en ti, sin dificultades, finita, delgada, moviéndote entre las carrocerías y las chapas de metal.

Hurgando entre los trastos, entre los desperdicios, hasta encontrar el objeto, la forma, el material que te faltaba para acabar la composición. En cambio yo había entrado al curso por pura indefinición. En realidad me interesaba tanto la plástica como la música como la sociología como la medicina como la física como la química, la botánica y la matemática superior. Así que, en el trance de decidir, tomé una moneda, y la lancé al aire, cara o cruz definirían mi vocación: saltó la cruz y yo inicié mi ascensión humanística. Sabía que podía aprender sin dificultades, aun con cierta rapidez, las más diversas técnicas, aquellas que nos habilitan para mover los pinceles como si fueran dedos, aquellas que nos permiten mover los dedos en el teclado como si fueran pinceles, aquellas que nos permiten redactar con corrección, aun con cierto brillo, las deliciosas travesuras de la lógica del sueño o las extravagancias de la ensoñación, pero carecía de talento creador. Aun así, ¿quién se animaba a desafiar la predestinación de la cruz?

—¿Qué haces? —me preguntó ella, en cuanto la aglomeración de público nos permitió refugiarnos en un costado del jardín. Yo pensaba en sus juegos de agua.

—Nada —le dije, y era una de las respuestas más serias que había dado en mi vida de catorce años. Nos habíamos sentado al borde de una fuente, lejos de la sala de exposición, entre los álamos tan oscuros que no se veían, como guardianes emboscados. Ella parecía bastante ajena al paisaje. Ésa era una característica que conservaría a lo largo de la noche. Asumía el paisaje con naturalidad, uno no sabía bien si porque lo encontraba adecuado, armonioso, o si, por el contrario, le resultaba tan despreciable que ni le merecía críticas, por irremediable.

—¿Y cómo lo consigues? —me preguntó en seguida—. Hace doce años que procuro no hacer nada, y no he podido lograrlo todavía. Siempre se me están ocurriendo cosas, y antes que me dé cuenta, ya estoy metiendo las manos en algo. ¿Te parecería bien que me las atara?

—Tú no tienes sólo doce años —protesté. No quería que nuestra conversación se estableciera sobre bases falsas.

—Por supuesto que no. Tengo catorce, como tú. Los otros dos años tuve forzosamente que hacer algunas cosas, aprender a caminar, a hablar, a leer los periódicos y todo eso. Por lo tanto, no los tomo en cuenta. Son años perdidos: uno debería nacer con todo eso ya aprendido, para poder aprovechar el resto del tiempo en no hacer nada.

Ella me gustaba mucho. Vi, a lo lejos, las luces de la exposición, la gente, oscura, moviéndose entre los aparatos, y un cuidador solitario, que recogía los cables de la iluminación que caían sobre la parte exterior de la galería, entre los álamos también negros del jardín. Solamente parecía preocupado por seguir la huella del cable, como una serpiente, entre las hojas húmedas, el viento, las semillas caídas, los postes y los carteles alusivos.

—¿Cómo sabes que tengo catorce años? —Ella ya me había tomado algunas ventajas en la conversación, y yo me tenía que mostrar cauteloso.

—Leí tu ficha en la guía de la exposición. La silla es regular, nada más. Carece de originalidad.

—No pretendo ser un artista —respondí, un poco molesto—. La cultura de las letras desaparece, dejando paso a la civilización de la imagen, y en los dorados bordes de las sillas, siento mi protesta —argüí, con las manos metidas en los bolsillos y los ojos bajos. Como todo el mundo, me molesta ser cuestionado. En ese mismo momento una hoja de álamo me rozó la cabeza. Me la quité de encima con fastidio, pero este pequeño accidente no la inmutó.

—La protesta de los artistas carece de significación en el ámbito de la cultura de masas. También la protesta puede ser masificada, y por lo tanto, neutralizada, de la misma manera que se masifica la pasta de chicle o las reproducciones del Guernica. En el universo de las masas dirigidas, controladas por la ideología de los amos de las computadoras, una silla de artista es menos que la pata de una mosca rebelándose contra la deshumanización del sistema —peroró.

Yo no había querido llegar a temas profundos. En realidad, la profundidad me da vértigo. Por eso he decidido no pensar más: para no caerme. La menor cosa: la meditación acerca de una pequeña pieza del motor de un automóvil, me conduce, por asociaciones y analogías, a otras meditaciones, y así sucesivamente, de manera que la pequeña pieza del motor del automóvil se convierte en el centro de un universo de inquisiciones, de las cuales el vértigo se desprende, como fruto maduro, y con él yo me caigo al pozo, un pozo que me da miedo. Los demás no tienen pozo o lo han tapado. Si consiguiera bastante arena yo también lo taparía, pero no creo que alcanzara la que he visto en las playas, y además, es una arena sucia: tiene desechos de embarcaciones, de bañistas y de amantes. El amor también deja sus huellas, sus desperdicios, sus residuos, y a veces el viento, el mar, la brisa que sopla no se los quieren llevar. Y el día que consiga no pensar más, nadie lo notará, ya que la mayor parte de la gente que conozco ha resuelto hacer lo mismo; es más cómodo y garantiza la libertad; bueno, las formas de libertad que podemos tener, para que la integridad del Estado no peligre. Y si lo consigo y las autoridades se enteran, tal vez me den una medalla por buen comportamiento o servicios a la nación, lo cual me permitirá vivir de rentas. ¿Y quién puede imaginar una situación mejor, disfrutando de rentas y sin pensar? Alguien me dijo que ése era el sueño americano, uno que una vez estuvo en el exterior (el exterior es toda la malignidad que nos acecha más allá de las fronteras) y vio la obra de un tipo que se llamaba Albee o algo así.

—No he querido rebelarme contra la deshumanización del sistema —insistí—. La silla es la silla, nada más, solamente que en lugar de reposar el culo sobre la felpa muelle, de un bonito color verde, todos aquellos que se le acerquen, tendrán que meter sus asentaderas sobre el barro del Vietnam, el colonialismo explotador, la desigualdad de clases, la represión organizada, y el Coloso de Marusi: Las Fuerzas Armadas-Que-Protegen-A-La-Nación. Para quienes creen todavía en la permanencia del instinto sexual, adherí una fotografía de Charles Bronson o la pareja de mujeres homosexuales, a gusto del consumidor.

—Ambas cosas me parecen un poco ingenuas para tus catorce años —dijo ella, mirándome a la cara. Yo difícilmente podía soportar la crudeza de sus ojos verdes, con destellos de inteligencia, sin sensualidad—. Pero teniendo en cuenta que la edad promedia del público oscilará en los cuarenta, creo que has elegido bien los motivos. Ahora, sentémonos —me invitó, al borde de una fuente. Habíamos paseado un poco a través de un camino de cipreses, que ella ni notó. La fuente tenía dos ángeles, a horcajadas de un pez grande como ellos. Los ángeles estaban musgosos y les chorreaba agua por todos lados. Simbolizaban no sé qué, algo que le vendría bien al Estado.

—Trata de no mojarte la ropa —le dije—. El arte de nuestros abuelos gotea por todos lados.

—Es un arte frito —dijo ella, desenvolviendo un caramelo, llevándoselo a la boca con placer, e invitándome con otro.

Ésa era una buena afinidad: los dos adorábamos

los caramelos. Durante un buen rato nos dedicamos a llenarnos la boca con una variedad bastante completa de sabores: caramelos de chocolate, de cerezas, de leche, plátanos, miel, ciruela, naranja, ananá y limón. Masticábamos bien la pasta, sorbíamos el líquido desprendido y mirábamos la noche, oscura y apacible. Me dijo que la llamara como más gusto y gana me diera, de manera que yo decidí llamarla Laura, por un poema de Petrarca que se me vino a la mente en ese instante: «Donna, non vid'io» (Ballata I, Accortasi Laura dell'amore di lui, gli si mostra severa). A Petrarca lo leemos porque es antiguo: nada peligroso puede haber en él. Ella ya había acumulado varios nombres a lo largo de su vida, aparte de los banales y sin ningún sentido que le habían adjudicado sus padres, y que solamente servían para rellenar las actas: hubo quien quiso llamarla Brunilda; un adolescente de doce años que se enamoró de ella y la nombraba Yolanda; su primo, con quien se inició en las ceremonias sexuales, y la bautizó Anastasia, y una amiga íntima junto a la cual aprendió del amor y de la poesía, que la llamaba Gongyla. Ella podía recordar que tenía una abuela de nombre Gertrudis, y un abuelo, Nicanor.

—Tú serás para mí, Rolando —me dijo, besándome en la frente, grave, austeramente—. Siempre quise tener un hermano. Creo que ése ha sido un trauma de infancia, cuyas consecuencias todavía padezco. ¿Has deseado tener una hermana?

—No —mentí, bajando los ojos y pateando una piedra roja, redondita, que sobresalía entre las hojas del suelo.

¿Cómo decirle que en ese mismo momento tenía unos deseos malditos de que ella fuera mi propia hermana? Si hubiera tenido una hermana me habría enamorado de ella perdidamente y habría vivido un drama occidental y cristiano, porque los incestos me despiertan admiración, ternura, respeto, sensualidad y placer. La culpa de que yo pensara en ella como hermana incestuosa la tenía el pantalón lila, o las botas negras, o el pelo cobrizo que le caía sobre los hombros. Era un pelo finito, escaso, y se las arreglaba mal para llegar hasta un poco más abajo de la nuca, pero al final, entre vacilaciones y desmayos, llegaba. Para ahuyentar esos pensamientos, me puse a mirar hacia el suelo y le pregunté:

—¿Dónde están tus padres?

Sabía que todos los alumnos de nuestra promoción compartíamos un destino semejante de padres censurados: muchos habían muerto durante el levantamiento armado de 1965, otros fueron dados por desaparecidos en los meses de guerra civil, o pagaban su ilusión revolucionaria en los cuarteles, cárceles, prisiones del Estado. Nosotros, sus descendientes, habíamos sido colocados bajo la custodia de las mejores y más patrióticas familias del país, aquellas que, para arrancar el peligroso germen de la subversión que posiblemente habíamos heredado, como una enfermedad en el oscuro aposento de los genes, se ofrecieron gentilmente a vigilarnos, reeducarnos, instruirnos de acuerdo al sistema, descastarnos, mantenernos, integrarnos, en una palabra, a *su* sociedad. Algunos, con más o menos suerte (dependía del caso) habían quedado en manos del Estado, que los colocó en sus institutos, orfelinatos y albergues, quizá de por vida, esperando su rehabilitación. Porque como todos sabemos, el Estado tiene la obligación constitucional de dar techo, abrigo y comida a *todos* sus hijos, sin distinción de nacimiento, raza, color de la piel. Lo que puede distinguir sí es el color de las ideas, porque el Estado no va a estar dando techo, abrigo y comida a quienes siniestramente socavan sus instituciones, maquinan su destrucción y lo desprestigian. Ésa había sido precisamente la suerte de mi hermano Pico: para evitar que ambos pudiéramos complotarnos contra la seguridad del Estado y organizar la subversión, nos habían separado: a mí, me había tocado pasar a vivir con una de las más rancias familias del país, de probada fidelidad a las instituciones, como que ellos mismos eran las instituciones, desde hacía más de cincuenta años, tan rígida como dispuesta a borrar de mí toda simiente del pasado; en tanto Pico, menos rebelde, más pequeño, fue a parar a un reformatorio. Aún continúa reformándose, que yo sepa, por lo que he podido conversar en el parque con un muchacho que también tiene a su hermano en el mismo reformatorio, y que ha inventado un sistema de comunicaciones bastante seguro y eficaz. El sistema es un poco complicado, al principio, pero una vez que se adquiere práctica, se vuelve ágil y sencillo. Se comunican a través de estampillas de correo, que intercambian entre ellos. Hasta ahora nadie ha advertido que ambos se comunican, y él mismo se ofreció a enviar mi correspondencia a Pico a través de su procedimiento. Yo acepté, pero en seguida me di cuenta que tengo pocas cosas para decirle a Pico. Pico tiene solamente siete años y en realidad, cuando mis padres murieron en el levantamiento armado del año 1965 (en nuestra cómoda casa de dos plantas, pasados sumariamente por las armas, mientras escuchaban un concierto para piano de Franz Liszt) solamente tenía tres, por lo cual, poco sabía yo de él hasta ese momento. De todas maneras, la separación fue muy dolorosa, porque ninguno de los dos teníamos ganas de ir allí a donde nos enviaban, a mí, con la nueva familia encargada de regenerarme, a él a un reformatorio que tendría la misma finalidad, y no sé cuál de los dos estará mejor o peor, porque ambos sistemas tienen sus ventajas y sus inconvenientes, según el caso. Además, para consolarnos, nos han dicho que nuestra suerte ha sido mucho mejor que la suerte que habríamos corrido de haber triunfado la revolución, porque entonces habrían mandado a todos los niños a Siberia, que es mucho más fría, como todo el mundo sabe, y está llena de osos. Pero a mí me parece que mi padre no tenía ningún interés de enviar a nadie a Siberia, ni habría separado a ningún niño de su familia, porque le gustaban mucho los niños y las familias; ahora nos han hecho separar de nuestras familias para que no nos separaran de nuestras familias. Con el muchacho ese le envié un mensaje a Pico que decía: «Querido Pico, ¿cómo estás?» Él me contestó a los dos días con otro cuyo texto descifrado era: «Yo más o menos bien o mal según se mire. ¿Y tú?» Pasé varias semanas sin tener nada que decirle, hasta que le envié otro que decía: «Vivo con una familia muy rica y soy bastante ingenioso. Si necesitas algo avísame, que trataré de enviártelo.» El texto de su respuesta era una larga lista de pedidos que procuré complacer rápidamente. «Aprovechando la oportunidad, te diré que andamos escasos de cigarrillos, lápices, papel de escribir, cuchillos u otro objeto cortante, chocolate, libros, revistas, manuales de instrucción armada, ganzúas, algodón, éter, bisturí y soplete. Hay un tipo de aquí que dice si puedes mandarle disimuladamente un texto de química. Yo desearía tener un pez de color, pero tengo miedo de que me lo quiten durante la inspección. No podría soportar que se lo llevaran, después de haberlo tenido.»

Estuve ocupado un tiempo, tratando de complacer a Pico, lo que no fue fácil en todos los casos, debido al rígido control bajo el cual vivimos. No tuve problemas, por ejemplo, para abastecerlo de cigarrillos: alcanzó con apoderarme de algunos de los cartones que mi nuevo progenitor —hombre muy rico y, por tanto, de influencia en el manejo de la cosa pública— deja deliberadamente sobre el escritorio o la mesa de luz, para hacerme cómplice. Son cigarrillos de los buenos, americanos, con filtro y hermosas cajillas: pensé que los dibujos a Pico le iban a gustar, aunque no fume, porque me dijo el mismo muchacho que se encarga de nuestra correspondencia que Pico es un adulto muy sereno, austero y reservado, de vida casi monacal, entregado solamente a la poesía y a la política. Con los lápices, en cambio, empecé a tener dificultades. Todos aquellos instrumentos que sirven para expresarnos, están rigurosamente controlados, para evitar que expresemos cosas que no conviene expresar, por lo tanto, debí canjear varias de mis mejores piezas filatélicas (afición inofensiva, y por lo tanto propiciada por el Estado, los centros de reeducación y las familias colaboradoras) por pequeños grafos consumidos, colas de lápices y algunas tizas. Es increíblemente alto el nivel de cotización que han alcanzado los bolígrafos, aquellos que podemos sustraer y ocultar, por supuesto. Objetos cortantes me fue enteramente imposible conseguir. Desde que murieron mis padres no he vuelto a ver ningún instrumento afilado a mi alrededor, y ya se me ha indicado que, para evitar que maneje hojas de afeitar, deberé cortarme estos pelos incipientes de la barba que han empezado a crecerme con la máquina eléctrica, porque el uso de la barba está prohibido, nos vuelve sospechosos, pero tampoco podemos manipular objetos cortantes. Por otra parte, es imposible desmontar alguna de esas máquinas que se emplean para cortar fiambres, el pasto o las legumbres, sin que alguien en la casa advirtiera la operación, nos denuncie, y recibamos la sanción correspondiente, nada leve, porque se vería en ella la fuente de la subversión nacional. Chocolate pude enviarle en abundancia, hasta tabletas inglesas y suizas, que mi madre adoptiva recibe de las empresas extranjeras como obsequios, junto a perfumes, lociones, latas de conservas, licores, extractos, cremas para entrar al baño, cremas para estar en el baño, cremas para salir del baño, cremas para estar en casa, cremas para la mañana, cremas para la tarde, cremas para la noche, cremas discretas para interiores oscuros, cremas para las funciones de gala y otras más que no recuerdo, pero seguramente existen. (También hay una crema para quitarse la crema del rostro y otra crema para quitarse la crema que se ha colocado en el cuerpo.) La selección de las revistas me fue muy difícil de hacer. No conozco los gustos particulares de Pico ni de sus compañeros, y él no pudo especificar qué material le interesaba leer. Las revistas que circulan fácilmente entre nosotros son las destinadas a excitar nuestros instintos sexuales, dado que es de suponer que si consiguiéramos interesarnos obsesivamente en eso, debilitaría cualquier otra idea peligrosa que pudiera ocurrírsenos. De modo que nuestros padres adoptivos, nuestros maestros y profesores, se ocupan tenazmente de fomentar en nosotros los intereses sexuales, por lo cual nunca nos falta material ameno e ilustrativo para entretener nuestros ocios. Sin embargo, no puedo saber qué clase de literatura sexual preferiría Pico. Tampoco sé si ya se habrá decidido por alguna manifestación especial de la sexualidad, o si querrá informarse bien, antes de decidir. Frente a mi ignorancia acerca de sus preferencias, opté por enviarle varios ejemplares de revistas pornográficas dedicadas a diferentes temas. Algunas estaban consagradas exclusivamente a la heterosexualidad, y su contenido obvio me parecía muy poco atractivo, ¿qué persona normal puede sentirse interesada todavía por un coito de macho y hembra, por fantástica que resulte la posición asumida para el hecho, aunque la cámara fotográfica especialmente acondicionada haya desmesurado el tamaño de los órganos, o el lente, gracias a complicados mecanismos, pueda sugerir sensaciones que después en el lecho nunca aparecen? Solamente en el caso —remoto— de que Pico aún no hubiera practicado el coito heterosexual, podría sentirse atraído por esta clase de revistas, y siempre que su imaginación fuera muy pobre. Incluí, por lo tanto, algunos ejemplares dedicados a otras variedades de la actividad sexual, tales como la zoofilia, la homo-sexualidad, la necrofilia, el onanismo, etc. No pude obtener, por estar censuradas, revistas de mecánica, electricidad, política, historia, filosofía o sociología, y por respeto, no quise enviarle las de deportes. Sé que en su comunidad (así llaman ellos a su albergue) uno de los castigos más severos que se aplica a quien haya transgredido una regla de fraternidad o de com-pañerismo, es la lectura de material deportivo, ese con el cual tratan de aturdirnos, abrumarnos, con-vencidos de que si nos volvemos fanáticos del depor-te, alejaremos otras ideas perniciosas de nuestras mentes. Le mandé también bastante papel de dibu-jo: en cambio, los últimos pedidos eran sencillamen-te imposibles de cumplir. Libros, estaban casi todos censurados por una u otra razón y todos los días partían buques repletos para arrojarlos en alta mar, donde seguramente sublevarían a los peces, si es que éstos no habían perdido ya el instinto de la rebelión. Aunque una vez conocí una edición en clave de un manual de lucha guerrillera, eso fue hace muchos años, cuando aún vivían mis padres. Ya en esa época estaban prohibidos, aunque mucha gente se las inge-niaba para difundirlos clandestinamente, pero luego que el levantamiento hubo fracasado, nunca más me enteré que fuera posible obtener alguno: los que so-brevivieron no los necesitaban, puesto que estaban las Fuerzas Armadas para protegernos, y los otros, o habían muerto o fueron recluidos de por vida (¿o debo decir de por muerte?) en los campos para prisioneros del Estado. El pececito de color sí se lo envié. Pensé comprar dos, uno para mí y otro para él, que fueran hermanos, los peces, pero después abandoné la idea: pasaría mucho tiempo, junto a la ventana, mirando al pez rojo dar vueltas dentro del agua clara, nadar, moverse de un lado a otro; pensaría que como yo, Pico también, donde estuviera, miraría aquel pez, aquella agua, pensaría como yo en el pez, en él, y tal vez yo nunca me enterara cuando alguien le arrebatara el pez, y sin saber que él ya no tenía nada girando en el agua, dando vueltas, yo siguiera, equívocamente, contemplando mi propia pecera, mi pez, mi agua, de modo que decidí comprar uno solo y mandárselo. Era un hermoso pececito rojo, pequeño, con su contorno perfectamente dibujado, las aletas finas, el cuerpo redondo, un movimiento ágil y elegante de la cola y un par de ojos, que, a diferencia de tantos otros peces, eran unos ojos inquietos, entusiasmados de vivir.

Al poco tiempo recibí una única nota de Pico, que decía así: «Gracias por el pececito. Se llama Ugolino. Todos lo queremos mucho, pero especialmente yo. El celador lo retiró anoche, y lo dejó ir por la cañería del agua. Estaba vivo aún cuando pasó a la cloaca.»

No he tenido más noticias de Pico. Tal vez no tenga nada nuevo que decirme, o hayan interceptado algunas de sus notas. El muchacho a quien yo veía en el parque, con el pretexto de intercambiar postales, me ha dicho que algo grave ha sucedido adentro del albergue. Él tampoco ha podido saber de qué se trata, ya que su propio hermano, para evitar complicaciones, ha suspendido la correspondencia por un tiempo. El muchacho del parque piensa que ellos han sido trasladados a otra parte, quizá porque descubrieron que alguno conseguía comunicarse con el exterior, o porque han cometido una importante desobediencia. Sea como sea, otra vez hemos quedado sin noticias.

—Mis padres están metidos en un cuartel —contestó tardíamente Laura, chupándose la punta del dedo con sabor a caramelo—. Cadena perpetua. Un juez militar les tipificó «Atentado a la constitución», «Asociación subversiva», «Complicidad en evasión», «Conspiración», «Encubrimiento», «Instigación a la violencia», «Ofensa a las Fuerzas Armadas», «Atentado», «Tenencia de explosivos», «Alta traición». ¿No es sorprendente que una sola persona pueda cometer tantos delitos simultáneamente? En total, novecientos cincuenta y cinco años de prisión. No creo que puedan cumplirlos todos. Se morirán antes, con seguridad, y ésa será su venganza —reflexionó Laura en alta voz, mientras sacudía una mancha de liquen que le había quedado en el pantalón lila, a la altura de la rodilla, por culpa del ángel. Mientras me inclinaba para ayudarla, mojando con saliva el redondel verde, un poco de su pelo cobre me acarició la frente. La frente que ahora tengo desnuda. Mi propio pelo me fue cortado cuando pasé a integrar el nuevo núcleo familiar. A veces siento un poco de nostalgia por él, por mi pelo castaño que me cubría la frente y me llegaba a la nuca y era muy suave, pero las autoridades han prohibido a los varones usar el pelo largo. Parece que no les gusta—. No los he vuelto a ver —murmuró Laura con voz baja y equilibrada. No pude, por discreción, investigar si había pena en ese hecho. ¿Qué sentido tiene extrañar aquello que no nos dejan extrañar? El de una rebeldía inútil.

—La mancha se ha ido —le dije, acariciando suavemente la tela, la rodilla, el hueso, la piel. El dedo fue caminando despacio, como un niño tímido que recorre una ciudad desierta, pero llena de soldados.

—Creo que eres un poco sentimental —me dijo

ella, con aire reprobador. Encendió un cigarrillo y me ofreció el paquete.

—No voy a fumar —le dije—. Estoy harto de hacer humo.

El cuidador se movía a lo lejos, enrollando los cables que sujetaban la nave de la exposición. Alguien estaría en el salón pronunciando un discurso, colocando cintas, reverenciando al mundo, puntuando las obras, ensalzando el orden, nuestro orden, el orden impuesto. Pero nosotros nos habíamos quedado callados, juntos y un poco tristes, desganados entre las sombras del jardín, sin movernos, ella fumando y mirando hacia el suelo de hojas caídas, yo mirándola a ella, al pantalón lila. Lila. Laura. Lielia. Ligeria. Los álamos. Laura tan ligera tan lielia tan lila como los álamos.

—¿Qué árboles son ésos? —me preguntó, y yo supe que se refería a los árboles que nos rodeaban, como parientes muertos, embalsamados. Como parientes muertos, en la tristeza.

—Álamos. Son álamos —le respondí.

—Tú me pones un poco melancólica —me dijo, aplastando suavemente la colilla contra el suelo de hojas húmedas y marchitas.

—No es cierto —le dije—: son las estatuas y los álamos.

Estatuas clásicas, álamos silvestres. Nos quedamos en silencio, otra vez, pero sin separarnos. En el silencio había un vínculo que nos unía como a hermanos en el mismo antro, útero o calabozo. Si fue porque estaba cansada, ella dejó que una de sus piernas lilas se deslizara suavemente hacia mi costado, como por descuido. La dejó reposar, como un miembro separado de sí. Le quité apenas de la frente unos cabellos desbocados que se habían agazapado allí, ebrios, argonautas, conspiradores.

—¿Crees que alguna vez los dejarán verse? —me

preguntó de pronto, y su voz temblaba—. No sé —dijo—, a través de una cerca, de un alambrado, por encima de un muro. Alguna vez durante los largos años.

—Tal vez —mentí. Y para hacerlo bien, tuve que encender un cigarrillo y distraerme contemplando aparentemente las volutas que ascendían hasta los álamos.

—No —dijo ella firmemente—. Estarán separados, muy lejos, cada uno en su cubil, en lugares remotos, distanciados por kilómetros de caminos de tierra, cercas, alambradas, postes, púas y sirenas, detrás de enormes muros cuyo final no se divisa. Quizá hayan perdido la memoria, todo lo que sabían, y él sólo sepa que es un hombre y ella sólo sepa que es una mujer, y todo otro conocimiento haya volado de sus mentes, durante el tiempo del castigo, todo conocimiento se haya ido por las venas con la sangre derramada, durante el cautiverio, el tiempo de estar presos, separados, ajenos, distantes. Acaso ya ninguno de los dos recuerde quién es el otro. Mejor hubiera sido estar muertos —concluyó sombríamente.

Yo me quedé callado, inmóvil.

—Ellos no se matan a sí mismos por disciplina —afirmó rotundamente—: un revolucionario no se mata, porque ama la vida.

—Yo me hubiera matado —respondí, firmemente.

—¿Cómo te habrías ingeniado para hacerlo? —me preguntó, interesada. Yo continuaba fumando, por hábito, no por principios.

—Yo qué sé —dije—. Me hubiera pegado un tiro o algo así —respondí.

—Supón que no hubieras tenido armas en ese momento; que las armas te las hubieran quitado todas. ¿Cómo te las habrías ingeniado entonces?

—Hubiera corrido, eh, corrido. Sí. Hubiera corrido delante de ellos hasta obligarlos a pegarme un tiro.

—Pero eso no es posible —murmuró, decepcionada por mi respuesta—. Te han sujetado bien entre cinco o seis y te han lanzado al fondo de un calabozo. Has pasado días y días incomunicado, sin comer, sin beber, en el más completo silencio y aterradora soledad. Semanas enteras, sin hablar, sin escuchar un sonido humano, una voz: semanas enteras en la oscuridad más absoluta, en la negrura, en la falta de aire y de luz, sin escuchar el canto de los pájaros ni las evocaciones de los otros ni tocar más que el frío de los orines ni oler más que las propias heces acumuladas en el suelo, como una bestia, a la cual se le arroja un pedazo de pan viejo y de carne agusanada a través de la ventana de hierro, siempre cerrada, una vez por día. Y después de semanas de oscuridad, de negrura, de frío y de locura, se suspira por un golpe, se suspira por la mano del esbirro que te mese la barba crecida.

Ella me estaba acorralando, me estaba cercando con sus preguntas y yo veía cada vez más difícil la posibilidad de la salvación. Las sirenas aullaban alrededor mío, el tiempo se acortaba, yo corría despavoridamente por las calles mojadas, los perros estaban a punto de alcanzarme, corría, corría, detrás los amos, los perseguidores, pero yo no quería vivir separado de ti, de ti, de ti.

—Hubiera sido previsor y hubiera llevado escondida en la cavidad de la oreja una de esas pastillitas fatales e imprescindibles que producen la muerte instantánea. La primera vez que hubiera tenido las manos libres, zas, a la boca con ella, y hombre muerto.

—Tonto. Eso no sirve. Al primer golpe que recibes, salta la cápsula que pierdes para siempre o se te hunde en la cavidad del oído. Hubieras obtenido una bonita y momentánea sordera, nada más.

Yo ya no tenía más posibilidades. Cercado, rodeado por los perros, acosado por las sirenas, acorralado contra una calle sin salida, no verte nunca más, no saber de ti, no poder mirarte a los ojos, no tocar tus rodillas, no verte vivir. Creo que ella tampoco las tenía, porque me dijo:

—La próxima vez habrá que meditar bien esta cuestión.

Concluido el tema, nos dirigimos, bastante deprimidos, hacia el sendero que nos conduciría otra vez a la sala de la exposición, desde la cual ya nos estaban llamando por los altavoces.

—¿Qué harás con el primer premio? —le dije, seguro de su triunfo.

—Ya verás —me anunció, con mirada maliciosa y cómplice.

Llegamos justo en el momento en que el presidente de la institución anunciaba que el jurado había finalizado la deliberación. Como soldados dóciles, Laura y yo nos dirigimos a nuestros respectivos lugares, ya asignados en el ensayo previo. Como a monos en la exposición, de los cuales se esperan habilidades, gracias y piruetas para el respetable público que ha comprado su entrada, nos habían dispuesto sobre una tarima, dándonos un número que correspondía a nuestra identificación. Con los presos hacen lo mismo, sólo que nadie conoce sus nombres, ni los mismos carceleros: para siempre son solamente el número que el juez les ha adjudicado. Pensé que sus padres, los padres de Laura, los míos si hubieran sobrevivido, también tendrían números, números para identificarlos o no identificarlos jamás, números para ocupar sus celdas, números para sentarse a comer el guiso recalentado, la carne agusanada, y una vez perdida la memoria, una vez el tiempo transcurrido, ya solamente serían aquello: un número de tres cifras —quizá de cuatro— ya nadie recordaría sus nombres, ni ellos mismos, un número en los roles, en las listas de los guardianes, en las estadísticas, en los registros, en la historia que alguna vez alguien contaría de este tiempo, y quién sabe si el que la contara sabría algo más de ellos que su número de identificación, quién sabe si aquella historia que irían a contar sería la verdadera historia, ¿y si ellos, los encargados de contar la historia, contaban una historia que no correspondía a la verdadera historia? ¿Se borrarían para siempre de la memoria de los hombres? Pensé que la historia que llamaban historia y que nos enseñaban era, en realidad, la historia fraguada voluntariamente, o aun, una historia escrita con buenas intenciones pero manchada por la culpa de la falta de memoria, del olvido, del anonimato, del perdón. Porque la historia la escriben los vencedores. Esto lo pensé mientras dócilmente me acomodaba en el lugar establecido. No me importaba ser dócil en esas cosas, hasta me parecía una concesión graciosa. De lejos, Laura me enviaba miradas cómplices, a las que yo contestaba sobriamente, aparentando una seriedad adecuada para el caso, pero con secreto regocijo. A la conspiración de los gorilas, oponíamos la conspiración de la inteligencia. Fue entonces que la ceremonia comenzó.

El señor presidente del Círculo de Artes se dirigió con pasos solemnes hacia el centro del escenario, de la arena, luciendo su cinta de Sumo Simio Pontífice de los Primates, maestro de ceremonias, Gran Organizador. El antropoide manipuló durante unos instantes el micrófono, hasta colocarlo delante de sus fauces. Todos estábamos inmóviles, callados: la inmovilidad y el silencio eran los fundamentos de nuestra educación moral, social y cívica, por oposición al movimiento y a la palabra, factores, como todo el mundo sabe, de dispersión, convulsión y subversión políticos.

Se comenzó el acto leyendo la lista de los objetos que habían sido eliminados por una u otra razón. El mío fue uno de los primeros, por considerárselo hostil y poco decorativo. Estaba visto que nadie bien nacido querría tener una silla de ésas en su casa, ni su contemplación le proporcionaría alguna clase de placer, y hay que tener en cuenta que todo en nuestra sociedad tendía a proporcionarnos una sensación de bienestar al sentarnos, que era la posición más adecuada para mantener la tranquilidad del Estado. Uno a uno los diferentes objetos fueron eliminados, o discretamente alabados, y la lista continuaba. Hasta que al final, con indudable orgullo (como si se tratara del verdadero creador o como si ese objeto, por su forma, por sus proporciones, por su sentido, fuera el más fiel reflejo del deseo y el pensamiento de las autoridades) el Mico Máximo, el Antropoide Erecto proclamó que el juego de aguas presentado por Laura era el ganador del concurso. Gran regocijo. Salutación. Aplauso unánime de los presentes. Los primates baten palmas y devoran bananas. Han descendido del árbol y se han instalado en casas con puertas y ventanas. Manejan automóviles. Fabrican lavadoras y cárceles. Abandonan las lianas en el museo y salen a recorrer las calles pisando la calzada con botines nuevos. Al reconocerse se saludan los unos a los otros, como que pertenecen a la misma familia. Monos del mundo, uníos. Nosotros también aplaudimos, como correspondía a nuestra nueva educación. Hemos evolucionado mucho y ya sabemos casi siempre por nosotros mismos cuándo debemos aplaudir. Después de ensalzar las virtudes del objeto premiado, que en su practicidad, plasticidad, colorido y funcionalidad reunía todas aquellas características que el sistema propiciaba, el señor presidente invitó a la ganadora a adelantarse a recibir su premio. Ella lo hizo con extrema elegancia. En ese momento tenía una cara y un andar angelicales. Su mirada se había suavizado en extremo y hasta un brillo apenas húmedo de sus ojos revelaba la emoción que debía experimentar. El señor presidente del Círculo de Artes la hizo subir hasta su propio estrado, un poco más alto que nuestra tarima, como correspondía a un mono jerárquicamente mayor, la felicitó calurosamente (esto quiere decir que él estaba transpirando por el inmenso honor de presidir el acto) y le hizo solemne entrega de su premio. En medio del silencio tan grande como toda la sala más el jardín de álamos tristes y el recuerdo de nuestros antepasados, depositó en sus manos una preciosa medalla de oro provista de cintas con los colores patrios. Luego, ceremoniosamente, como si depositara en ella el peso de los antiguos iconos conservados en la ciudad gracias a la valentía y al arrojo de los soldados y que se habían protegido a sangre y fuego de los bárbaros invasores, de los enemigos de adentro y de afuera, de la artera y maligna conspiración asoladora, le entregó el máximo trofeo, el símbolo de la propagación y conservación de la especie, del triunfo del bien sobre el mal, del orden frente al caos, de las instituciones sobre la anarquía; ella, la reivindicadora, la depositaria del futuro, en cuyo regazo se alimentarían y buscarían calor y protección las generaciones venideras, ella, la iluminada, la vestal a quien se confiaba el porvenir de la ciudad, las llaves del reino: recibió un busto del máximo general de la nación, el héroe de 1965, que había aplastado la sublevación, salvado a la patria, a los niños, a los jóvenes, los adultos y a los ancianos, a las abuelas y a los abuelos, también a los nietecitos, y que, para demostrar aún más su espíritu de sacrificio, su amor a la patria

—renunciando a su vida privada, al bien ganado descanso— desde entonces nos gobernaba, para orgullo y honor de la nación, en el concierto mundial o con el consenso universal, no recuerdo bien.

Laura recibió emocionada el busto del general, de tono verdoso, como he visto que son todos los bustos de los generales, vivos o muertos, y lo acercó amorosamente a su pecho, como correspondía a una digna ciudadana, a una futura madre de la patria. De inmediato, y para finalizar la ceremonia, el presidente invitó a la ganadora a poner en funcionamiento el aparato que ella misma había construido, a los efectos de que todo el público presente y los distinguidos invitados pudieran apreciar sus cualidades. Laura, apretando contra su pecho el busto del primer general de la nación, se acercó a su móvil y con gran serenidad apretó una de las mariposas ocultas bajo el vidrio irisado. De inmediato, un diluvio universal en forma de cascada estalló en la sala. Los surtidores, enloquecidos, comenzaron a girar, a mover sus aspas en todas direcciones, despavoridos, como padres a quienes el soldado les ha dado un golpe de sable en la cabeza y huyen espantados, desangrándose por el camino, la cabeza ya sin guía, ya sin sostén moviéndose para todos lados, la sangre manándoles como ríos desbordados; los surtidores daban vueltas, desparramaban una potente lluvia que bañaba, que inundaba todo el local, escupiendo por sus trompas enfurecidas enormes chorros de agua que empujaban a la gente hacia las puertas, las arrojaba contra las paredes, como durante las manifestaciones del año 1965 los chorros de agua lanzados por los camiones militares derrumbaban a la gente por el suelo, los hacían girar sobre sí mismos, reptar por las veredas, enceguecidos por el líquido, empujados por el agua; los surtidores manaban violentamente, disparando ráfagas líquidas sobre la concurrencia, golpeando los muebles, las paredes, recorriendo la sala una y otra vez, rompiendo los objetos, barriendo el suelo, subiendo por el muro y rebotando contra el techo. El público, enloquecido, enceguecido por el golpe de agua sobre el rostro, en el cuerpo, presa del pánico, giraba en medio del torbellino acuático intentando en vano encontrar las salidas, pero éstas quedaban bloqueadas por el furor de la lluvia; al llegar a las puertas y ventanas, indefectiblemente, una fuerte ráfaga, como un viento, los detenía, haciéndolos rebotar contra las paredes, chocar entre sí, girar, volverse, caer. Entonces yo, que había saltado a través de la ventana en el preciso momento de comenzar la fiesta, desde afuera, desde el jardín de álamos tristes y ninfas en las fuentes y el recuerdo de nuestros antepasados saltando de árbol a árbol, de fuente a camino de camino a rama de rama a niño que ya casi no recuerda, desde el jardín oscuro y callado y triste, lancé una tea ardiente hacia el interior del local, tal como Laura me lo había indicado. Entre los álamos, ella, tranquila, serena, indiferente al paisaje, me aguardaba. Ajena también al espectáculo de la gasolina con la que había regado el salón, emanada de los surtidores como si fuera agua, y que se había convertido en feroz incendio.

Cuando comprobé que todo ardía, me dirigí hacia el sendero convenido. Las llamas iluminaban, al fondo, la tristeza oscura de los álamos.

—Rolando —me dijo Laura mientras iniciábamos la marcha—. Quítame esta mancha de la rodilla: un ángel ha vuelto a salpicarme.

ÍNDICE

Impreso en el mes de diciembre de 1987
en Talleres Gráficos DUPLEX, S. A.
Ciudad de la Asunción, 26
08030 Barcelona .